KB045093

보훈의
여러 가지 얼굴

보훈공단
보훈교육연구원
보훈문화총서
03

보훈의
여러 가지 얼굴

보훈교육연구원 기획
이찬수 전수미 이재승 김선 김희정 지음

보훈, 따뜻하고 든든한

보훈(報勳)은 '공훈에 보답한다'는 뜻이다. 「국가보훈기본법」
(2005.05.31.)에 따르면, "국가를 위하여 희생하거나 공헌한 사람
의 숭고한 정신을 선양하고 그와 그 유족 또는 가족의 영예로운
삶과 복지향상을 도모하며 나아가 국민의 나라사랑정신 함양에
이바지"하는 행위이다(제1조). 국가를 위한 희생이나 공헌의 성
격은 다음 네 가지 범주로 규정한다: "가, 일제로부터의 조국의
자주독립. 나, 국가의 수호 또는 안전보장. 다, 대한민국 자유민
주주의의 발전. 라, 국민의 생명 또는 재산의 보호 등 공무수행"
(제3조)

이러한 규정에 근거해 보훈을 '독립', '호국', '민주'라는 세 키워
드로 이해하는 흐름이 생겼다. '사회공헌'(혹은 공무수행)까지 보
태 넷으로 분류할 수도 있다. 보훈의 정신이 서너 가지 가치로

정리될 수 있다는 사실을 확인하고 나서 기본법을 제정해 그 범주를 정리했다고 보는 편이 더 옳겠다. 독립, 호국, 민주 혹은 사회공헌을 위해 투신하다가 당한 희생에 국가가 물심양면으로 보답하는 과정이 보훈이다. 그동안 보훈 정책은 세분화┌구체화되었고, 예산도 확대되어 왔다.

그런데 좀 더 깊이 들여다보면 보훈의 구체화 과정에 문제가 없는 것은 아니다. 정책 하나하나의 문제라기보다는 보훈의 가치들 간 긴장과 갈등의 문제, 보훈에 대한 국민적 인식의 문제다. 두 가지 문제의식을 가지고 한국 보훈의 현실을 간략히 진단해 보겠다.

첫째 문제는 보훈의 주요 가치들인 독립, 호국, 민주 혹은 사회공헌의 실제 내용이 서로 충돌하기도 한다는 데 있다. 가령 북한과의 전쟁 경험에서 출발한 '호국'의 가치와 다원성을 중시하는 대북 포용적 '민주'의 가치가 부딪치곤 한다. 이런 현상은 분단국가이면서도 통일을 지향하는 한반도의 특수한 상황에 기인한다. 남과 북은 정치적 이념과 권력 구조가 달라 서로 적대하면서도, 통일 혹은 일치로 나아가기 위한 교류와 협력의 대상이기도 하다. 남북관계는 적대적 준국가 관계에 놓여 갈등하면서도, 오랜 역사, 언어, 문화적 동질성을 훨씬 크게 경험해 온 한 민족이다.

분리되어 있으나 합일을 지향하는 이중 관계에 있는 것이다.

그렇다면 전쟁과 같은 아픈 역사에 기반한 호국의 가치와 미래 지향적 민주 및 사회 공헌의 가치가 적절히 만나도록 해야 한다. 이들을 화학적으로 결합시키지 못하면 한반도는 분단으로 인한 소모적 갈등이 두고두고 지속될 것이기 때문이다. 그 만나는 지점을 발굴하고 정책에 반영하며 국민과 함께 확산시켜 가야 한다.

독립과 관련한 가치가 구현되는 상황도 비슷하다. 원치 않게 일본의 식민지로 살아야 했던 역사적 경험과 이로부터 벗어나려 몸부림치던 선구적 희생의 자취가 공존하고 있는 것도 한국의 현실이다. 이른바 독립유공자는 선구적 희생에 대한 국민적 보답과 예우의 표현이지만, 같은 집안에서도 친일과 반일이 갈등하며 섞여 있는 것이 여전한 우리의 현실이다. 사회주의적 이념에 기반한 독립운동을 분단 이후 강화된 호국적 이념과 조화시키는 일도 간단하지 않다. 가령 사회주의 이념으로 독립 운동을 하다 희생당한 이를 독립유공자로 인정할 수 있는지, 현재의 한국 정치 체제와 다르기에 그럴 수 없는지 등은 우리 사회가 여전히 해결하지 못하고 있는 문제이다. 나아가 어떤 가치에 중점을 두느냐에 따라 북한은 물론 미국 및 중국에 대한 태도도 크게 갈

려서 정부가 외교적 균형을 잡기 어려운 것도 우리의 현실이다.

　이것은 한반도에서 공정한 보훈 정책이 얼마나 어려운지 잘 보여준다. 그러면서도 역설적으로 보훈이 사회통합과 국가공동체 건설에 기여하는 계기와 동력이 될 수 있다는 뜻이기도 하다. 보훈의 이름으로 독립, 호국, 민주유공자 및 보훈 대상자를 지속적으로 발굴하고 선양하되, 그 과정에 벌어지는 갈등은 최소화해야 한다. 깊이 고민하고 성찰해서 독립, 호국, 민주의 가치를 화학적으로 지속적으로 조화시켜 나가야 한다. 그렇게 사회통합을 이루고 국가의 공동체성을 구축해 가야 한다.

　둘째 문제는 공훈에 보답하는 주체가 '국민'이라기보다는 '국가'라는 인식이 강하다는 것이다. 「국가보훈기본법」에서도 국가와 지방자치단체가 보훈 정책을 시행하고 국민은 그에 협력해야한다는 식으로 규정하고 있다.(제5와 제6조; 제8와 제9조 참조) 보훈의 전제가 '국가를 위한 희생과 공헌'이다 보니, '국가가 보답한다'는 인식이 먼저 생기는 경향이 있다. 국가의 주체는 결국 국민임에도 불구하고, 보훈 행위에서 국민은 빠지거나 적당히 거리를 둬도 될 것 같은 이미지나 분위기가 형성되고 있는 것이다.

　그러나 국가의 주체는 결국 국민이다. 보훈 행위의 무게중심을 국민에 둘 수 있어야 한다. 국민의 세금으로 정부, 특히 국가

보훈처가 보답의 행위를 대신하고 있지만, 공을 세우고 그 공에 보답하는 주체 모두 결국은 국민이다. 정부는 국민의 눈높이에 맞춰 국민에게 먼저 다가가고, 국민이 공감할 수 있는 정책을 계속 모색하며, 현대 사회에 어울리는 교육 콘텐츠를 개발하고 보급해야 한다. 무엇을 어떻게 하는 것이 보훈에 대한 국민적 기대치와 눈높이에 어울리는지 선제적으로 고민해야 한다. 보훈이 풀뿌리부터 자발적으로 문화화하도록 플랫폼을 제공해야 한다. 국민이 보훈의 긍정적 의미를 자연스럽게 체감할 수 있도록 깊이 고민해야 하는 것이다.

현 정부에서는 "든든한 보훈"을 슬로건으로 하고 있다. 오랜 군복무로 국가안보에 기여한 '제대군인'에 대한 지원을 강화하고, 보훈대상자들이 어디서든 불편 없이 진료 받을 수 있도록 한국보훈복지의료공단 산하 보훈 종합병원들과 연계하는 '위탁병원'을 지역 곳곳에 확대하고 있다. 보훈대상자들을 연결고리로 국가와 국민을 든든하게 연결시키겠다는 취지의 정책이다. "따뜻한 보훈"을 모토로 하기도 했다. 현장과 사람 중심의 보훈을 기반으로 국민과 함께 미래를 여는 정책을 펼치겠다는 것이었다. 모두 적절한 슬로건과 모토다. 국가-국민-국가유공자가 서로 연결되고 순환하는 체계를 만들어나가겠다는 취지에서 서로 통한다.

어떻게 하든 한국 보훈의 방향은 순국선열, 애국지사, 전몰군경, 전상군경 등 전통적인 국가유공자들을 예우하되(「국가유공자예우등에관한법률」 제4조), 민주유공자와 사회공헌자는 물론 '국가사회발전특별공로자'와 같은, 시민사회에 좀 더 어울리는 유공자들을 적극적으로 발굴하는 방식으로 가야 한다(제4조). 보훈이 흔히 상상할 수 있는 전쟁 중심의 이미지에서 벗어나 평화 지향적으로 나아가는 데 기여해야 한다. 국경 중심의 근대민족국가의 범주에 갇히지 말고, 인간의 아픔에 공감할 줄 아는 보편적 인류애에 호소해야 한다. 그렇게 세계가 축복할 수 있는 보훈 정책의 모델을 한반도에서 만들어내야 한다.

그러면 국민은 국민대로 오늘의 삶을 누리는 데 기여한 이들을 위해 마음과 시간을 더 낼 수 있을 것이다. 가족이 다치면 가족이 돌보지 않던가. 희생은 없어야 하고 없을수록 좋지만, 만일 가족 중 누군가 아프면 가족이 치료하고 돌보면서 가정을 유지해나간다. 국민이 국가를 위해 일하다가 다치면 그곳에 국민의 손길이 미칠 수 있어야 한다. 그런 문제의식을 가진 국민을 '시민'이라고 명명한다면, 보훈도 시민사회와 순환할 수 있어야 한다. 국가유공자(및 보훈대상자)와 국민 혹은 시민 사이의 거리를 지속적으로 좁혀 나가야 한다.

정부는 물론 보훈 연구자들은 누군가의 희생과 공헌 없이 국가도 국민도 있을 수 없다는, 이들 간 유기적 관계성을 따뜻한 철학으로 뒷받침해야 한다. 국가유공자와 보훈대상자를 위한 복지와 의료 정책에 첨단 인공지능과 다양한 빅데이터도 적절히 활용할 수 있을 것이다. 이렇게 희생과 아픔에 대한 인간의 원천적 공감력에 호소하면서 시민사회가 보훈을 자신의 과제로 삼을 수 있는 바탕을 다져야 한다. 그렇게 미래로 나아가고 세계와 소통하는 국가를 만들어야 한다.

보훈은 국가를 돌아가게 하는 근본 원리이다. 이러한 원리는 더 이상 누군가의 희생이 나오지 않아도 되는 안전하고 평화로운 국가와 세계가 이루어질 때까지 계속되어야 한다. 이러한 세계를 이루기까지 심층적인 의미에서 선제적으로 이루어가는 보훈, 이른바 '선제적 보훈'의 길을 걸어야 한다.

그동안 보훈 관련 각종 정책 보고서는 제법 많았다. 그러나 대부분 일반인의 손에는 닿을 수 없는 전문가의 책상과 행정부서 깊은 곳에 머물렀다. 보훈의 역사, 이념, 의미, 내용 등을 국민적 눈높이에서 정리한 대중적 단행본은 극소수였다. 정작 보훈이 무엇인지 관련자들도 깊고 체계적으로 고민할 새가 별로 없었다. 무엇보다 시민사회로까지 다가서기에는 부족했다.

　이러한 현실을 의식하며 보훈교육연구원에서 일반 시민이 쉽게 접근할 수 있도록 대중적 차원의 「보훈총서」를 기획하고 드디어 출판하기에 이르렀다. 지속적으로 출판할 예정이다. 보훈이 무덤덤한 '그들'만의 이야기가 아니라 '우리'의 이야기가 되는 데 '공헌'할 수 있으면 좋겠다. 한국의 보훈이 인간의 얼굴을 한 따뜻하고 든든한 보훈으로 계속 성숙해 가면 좋겠다.

보훈교육연구원장

이 찬 수

보훈은 역사적 배경이나 지역적 차이를 떠나 공동체를 유지하기 위한 제도로써 공통적으로 시행되어 온 정책이다. 보훈은 고대에는 군주의 중요한 덕목으로서, 현대에는 국가의 윤리적 책무로 기능하고 있다. 우리나라를 포함한 각국에서는 보훈정책의 시행과 보훈문화 확산을 통해 국민을 통합하고 국가사회 발전의 정신적 토대를 다지고 있다. 그리고 우리나라는 다른 나라와는 달리 독립, 호국, 민주화에 기여한 사람에 대한 예우를 토대로 보훈을 발전시키고 있다. 이런 점에서 보훈정책은 국가공동체의 본질적 부분을 결정한다. 그리고 과거에 대한 역사적 판단을 바탕으로 국가가 앞으로 나아가야 하는 방향성을 제시하는 것까지 포함한다. 보훈이 공동체의식과 사회통합의 원동력, 국민의 정체성을 상징하는 정책으로 발전하기 위해서는 더 많은 관심과 노력이 필요한 실정이다. 이런 의미에서 이 책『보훈의 여러 가지 얼굴』은 보훈에 대한 다각도의 관점을 새롭게 검토해 본다. 이는 보훈과 관련한 발전적 전망을 개발하는 데 참고하기 위함이다.

이 책의 1장 '한국적이면서 세계적인: 평화적 보훈의 가능성'
은 '왜 평화롭지 않을까?'라는 질문에서 시작한다. 이를 통해 한
국적이면서 세계적인 보훈의 가능성을 제시한다. 보훈이 한국
적이면서 동시에 세계적일 수 있는 논리는 한국의 보훈이 일체
의 적대적 폭력을 줄여 가는 평화지향적 방향으로 나아갈 때 가
능하다고 본다. 그리고 여기에서는 타자 포용적 보훈에 대한 상
상을 더 확장할 필요가 있음을 제안한다. 이를 위해 국가를 위한
희생이 더 이상 발생하지 않아도 되는 평화로운 인류 사회를 만
드는 일, 그런 의미의 '선제적 보훈'의 기초를 다져가는 것이 필
요하다는 주장이 우리 사회에 많은 점을 시사한다. 이를 통해 국
내에서 기념하고 기억하면서도 인류가 축복하는 한반도형 보훈
의 평화적 미래를 꿈꿔본다.

2장 '정의와 보훈'에서는 정의 구현을 위한 보훈제도의 개선
방안과 관련하여 법제 측면과 보훈제도의 운용 측면에서 제안하
고 있다. 법제 측면에서는 개별 보훈법령의 통합 필요성과 헌법
제29조 제2항의 폐지를 대표적으로 제안하고 있다. 정의 구현을
위한 보훈제도의 운용 측면에서는 자료·기록보존과 행정의 정

밀화, 향후 보훈대상자 변화 추이에 따른 재편성·재조명 필요성을 제기하고 있다. 특히 현행 보훈대상자의 변화 추세에 따른 대비한 준비와 관련하여, 기념사업 등 정책의 다양화와 새로운 사건에서의 보훈대상자 발굴 필요 등을 제안하고 있다. 이런 제안들은 기존의 국가안보에 따른 보훈제도를 보완하고, 인간개발을 강화하며, 인권을 향상시킬 수 있다는 점에서 함의가 있다.

3장 '보훈법의 범주와 새로운 도전'에서는 국가유공자 관념을 민주적이고 현대적인 성향으로 순치해야 할 필요가 있다는 주장을 하고 있다. 이를 위해서는 공무와 관련한 희생에 대한 보상을 중심으로 보훈법제를 적절하게 재구성하는 것이 중요하다. 국가와 공동체를 위한 업무 수행중에 생겨난 다양한 희생자들 사이에서 형평에 맞는 책임제도를 설계하는 것은 매우 중요한 과제이다. 이 글은 한국의 보훈제도 운용 방식이 전몰군경이나 상이군경에 주안점을 두고 있어서 한국 현대사의 특수한 이력을 포괄하지 못한다는 점을 지적하고 있다. 이에 대해 보훈제도가 전반적으로 과잉수혜와 과소수혜로 흐르지 않도록 재편하고, 생활보장의 관점에서 열악한 유공자들의 품위를 유지할 수 있도록 보상 원칙을 유연하게 운용해야 한다고 제안하고 있다. 이와 함께 국립묘지는 사회의 장묘문화 변화상을 반영하는 방향에서 개

혁되어야 하고, 통일 이후의 상황을 고려하여 포용적 기준을 확립해야 한다고 제언한다.

4장 '보훈을 어떻게 가르칠 것인가?'에서는 '자유주의적이고 미래지향적인 보훈교육은 과연 가능할까?'라는 질문에 대한 해답을 찾고 있다. 자유주의적이며 미래지향적인 보훈교육은 우리가 아직 가 보지 않은 미지의 세계에 대한 다양한 상상과 이에 기반한 창의적인 문제 해결 능력을 바탕으로 한다. 객관식 위주의 표준화된 시험이 지배적인 평가의 기제이며 교사로부터의 일방향적인 주입식 수업이 학습의 주류 모델인 한국적 교육의 현실에서 '보훈' 즉 나라사랑에 대한 다면적이고 유기적인 이해와 학습은 불가능한 것처럼 보인다. 이에 대해 보훈교육은 학생들에게 국가, 민족, 사회라는 거시담론을 토론하고 대화해 보는 방식으로 진행할 것을 제안하고 있다. 그리고 자유주의적이며 미래지향적인 보훈교육을 학교 현장에서 실천하기 위해서는 교과서의 내용뿐만 아니라 교육 방식과 평가의 변화도 함께 이루어져야 하며 우리 교육의 다양성과 다면적 사고의 확장과 함께 이루어져야 한다는 점을 제시한다.

5장 '2030세대의 통일의식과 보훈: 애국심의 의미와 역할 탐색'에서는 2030세대의 통일의식을 살펴보고 그 결과를 토대로 보훈과의 관련성을 탐색하고 있다. 2030세대의 통일의식은 어떠하며 애국심은 어떠한지 살펴보고, 이를 통해 2030세대를 위한 통일과 보훈교육에 있어 애국심의 의미와 역할은 무엇인지 살펴본다. 애국심은 체제와 이념, 과거사의 갈등 속에서 보훈의 가치를 통일이라는 미래로 이어주는 중요한 개념이자 또 근원적인 화해의 연결 지점이 될 수 있다. 보훈은 국가적 재난이라는 상처를 이겨낸 궁극적인 가치를 내포하며 이는 과거와 현재뿐 아니라 통일과 사회통합의 과정에서 야기될 수 있는 갈등과 분쟁에서 무엇보다 요구되는 가치이다. 이런 논의를 통해 통일 과정과 통일 후 사회통합을 위해 보훈, 애국심이라는 개념이 어떻게 기여할 수 있는지 생각해 볼 수 있다.

이 책은 평화, 정의, 법률, 교육, 통일 등의 다양한 관점에서 보훈을 새롭게 보고자 한다. 보훈은 지나간 과거의 역사에 대한 집착이 아니라 희생과 공헌으로 사회발전의 밑거름이 된 독립·호국·민주유공자의 정신을 사회 전반에 확산하는 것이다. 그리고 이런 보훈정신을 계승·발전시켜 더 좋은 대한민국으로 나가고자 하는 미래지향적 개념이다. 현재 우리 사회·국가는 이 책에서 거론하는 여러 정황들처럼 다양한 환경변화에 직면하고 있다. 이에 대처하기 위해서는 사회 현실에 부합하고 미래지향적인 정책적 대응이 필요하다. 이런 의미에서 이 책『보훈의 여러 가지 얼굴』이 생각의 폭을 확대하는 계기가 되었으면 한다. 이런 다양한 시각을 기반으로 기존의 제도와 정책을 더욱 발전시켜 내실화하고, 미흡하거나 시대적 변화에 맞지 않는 부분은 개선·보완할 수 있었으면 한다. 첫 술에 배부를 수는 없지만 이런 시도를 통해 우리 사회에서 보훈과 관련한 논의의 심도가 조금 더 깊어졌으면 한다.

본편 원고 집필에 참여해 주신 여러 필자들과 편집을 위해 수고해 주신 도서출판 모시는사람들에게 감사드린다.

보훈교육연구원 연구원
서 운 석

차례

한국적이면서 세계적인

: 평화적 보훈의 가능성

이 찬 수 _ 보훈교육연구원장

1. 왜 평화롭지 않을까

많은 이들이 평화를 원하지만 정작 세상은 평화롭지 못하다. 근본적인 이유는 평화를 원하기만 할 뿐 평화를 위한 실천은 하지 않기 때문이다. 설령 원하는 대로 평화를 위한 실천을 한다 해도 그 평화 실천이 다른 평화 실천과 부딪히기 때문이기도 하다. 평화 실천들끼리 부딪히는 이유는 저마다 평화 실천의 방법이 다르기 때문이다. 방법이 다른 이유는 사실상 목적이 다르기 때문이다. 동일한 평화를 내세우는 듯해도 그 평화의 실질적 목적이 자기에게 유리하게 설정되어 있기 때문이다. 방법은 목적을 구현하는 수단이거니와, 목적이 자기중심적으로 설정되어 있으면, 실천도 자기중심적으로 하게 된다. 자기중심적 태도는 타자를 소외시키거나 후순위로 몰아낸다.

문제는 대부분의 개인과 단체와 국가가 평화의 추구를 그런

식으로 한다는 것이다. 그래서 개인끼리도 부딪치고 국가 간에는 긴장하고 갈등한다. 나의 평화가 너의 평화와 부딪치고, '너희' 평화는 '우리'에게 어색하다 느낀다. 자국의 평화가 타국에 대한 제한이나 압박으로 나타난다. 개인이나 집단, 나아가 국가의 평화 구축 행위가 다른 개인, 집단, 국가의 평화 구축 행위와 대립하는 것은 대체로 이런 이유 때문이다.

종교도 다르지 않다. 평화를 추구하고 내세우는 종교인들 사이에 갈등도 있는 이유는 평화를 자기중심적으로 해석하고 적용하고 실천하려 들기 때문이다. 가령 "그리스도는 우리의 평화" (에베소서 2:14)라는 성서를 보자. 이것은 본래 그리스도를 만나 평화를 이뤄 가는 이들의 공동체적 경험을 표현한 말이지만, 현실에서는 '그리스도'라는 말을 모르는 이들에게는 평화가 없거나 적다는 식으로 이해되곤 한다. 그리스도는 '우리의' 평화일 뿐 '너희의' 평화는 아니라는 식이다. 대승불교에서는 "일체중생실유불성"(一切衆生悉有佛性, 『대반열반경』)이라는 혁명적 가르침을 선포하고 있지만, 그 가르침을 실제로 깨달으려면 불교에서 전통적으로 해 오던 방식에 따르는 것이 좋다고 생각한다. 비불교도에게도 불성이 있기는 하지만, 왠지 불자만은 못할 것 같다는 무의식적 느낌을 받는다.

쿠란에는 "우리(무슬림)의 하나님과 너희(유대-그리스도인)의 하나님은 같은 하나님이시니 우리는 그분께 순종한다"(29:46)는 말이 있다. 그런데 무슬림이 실제로 생각하는 '그분'은 자신들이 이해하는 이슬람의 하나님이다. 문장의 지향점은 '같은 하나님'이라는 말에 있지만, 현실에서는 유대인이나 기독교인의 하나님을 '다르게' 여기도록 수용되고 있는 것이다. 이러한 현실은 무슬림이 '우리의 하나님'과 '너희의 하나님'을 구분해서 말할 때, 그리고 기독교인이 그리스도는 '우리'의 평화라며 우리가 아닌 '타자'를 전제할 때, 이미 함축되어 있다고 할 수 있다. 불성이라는 말을 쓰지 않는 곳에는 왠지 불성이 없거나 덜 활발할 것 같은 느낌을 갖는 곳에서도 마찬가지다. 거의 무의식적으로 차별성을 함축하고 있는 것이다.

2. 목적과 수단이 분리된다

차별성은 자기중심성의 필연적 발로이다. 평화를 자기중심적으로 구현하는 과정에 이미 타자 소외가 들어 있다. 평화의 이름으로 타자를 소외시키고, 사실상 자신의 내적 욕망을 충족시키려 든다. 평화에 대한 자기중심적 이해가 평화를 위한 수단도 자기중심화한다. 타자에 대해서는 사실상 폭력적으로 나타나지만, 그럼에도 불구하고 자기를 위한 평화로 포장하는 이들은 타자 소외의 실상을 잘 느끼지 못한다. 이런 태도를 '자기중심적 평화주의(ego-centric pacifism)'라고 할 수 있다.

이런 태도가 일반화된 곳에서는 폭력이 어떤 목적을 구체화시키고 정당화시키기 위한 불가피한 수단으로 여겨지곤 한다. 발리바르(Étienne Balibar)가 잘 제시한 바 있듯이, 억압으로부터의 해방을 지향하는 혁명적 정치 행위도 해방의 추구라는 목적을 부각시키면서 자신의 폭력성에 대해서는 관대해지는 경우가 많다. 자본가의 억압에 대한 노동자의 저항적 폭력은 정당하다고 보았던 마르크스주의도 전형적인 사례다.

이른바 민주주의도 겉으로는 사회적 안정과 질서를 명분으로 내세우지만, 속으로는 권력과 체제의 정당성을 확장하려는 의도를 숨기고 있게 마련이다. 그런 경우 이른바 민주정부조차도 위계질서에 따른 과거의 일방적 명령 체계를 은근히 기대한다. 그런 체계를 공고히 하려는 욕망도 꿈틀댄다. 이런 숨은 욕망을 제어하지 못하면 자기도 모르는 사이에 수단이 점차 폭력화하는 것이다. 지젝(Slavoj Zizek)이 "체계적 폭력(systematic violence)"이라는 말을 쓴 바 있는데, 이것은 체제가 공고하게 자리 잡아 굉장히 안정적으로 보이는 사회 시스템이 도리어 폭력적일 수 있다는 사실을 담고 있다.

그렇게 되는 이유는 무엇인가. 전술한 대로 그것은 평화의 개념과 실천 방법이 다를 뿐만 아니라, 실천조차 자기에게 유리한 방식으로 하기 때문이다. 자기중심성 속에는 타자가 없거나 소외된다. 타자를 배제하거나 소외시킨 평화는 사실상 폭력으로 작동한다. 수단이 폭력적인 곳에서 드러나는 것은, 그 정도야 어떻든 간에, 폭력이다.

평화를 지향한다면 실천을 위한 수단도 평화적이어야 한다. 고대 로마의 전략가 베게티우스(Flavius Vegetius Renatus)가 말한 "평화를 원하면 전쟁을 준비하라"는 격언에 반대하며 근대 평화학에서는 "평화를 원하면 평화를 준비하라"는 말을 금언으로 삼고 있다. 갈퉁(Johan Galtung)의 주저인 『평화적 수단에 의한 평화』(Peace by Peaceful Means)라는 말에서처럼, 수단과 목적은 일치해야 하는 것이다. 20세기 한국 최고의 실천적 사상가라 할 함석헌도 수단과 목적의 관계를 다음과 같이 규정한 바 있다: "목적은 끄트머리에만 있는 것이 아니라 전 과정의 순간순간에 들어 있다. 수단이 곧 목적이다. 길이 곧 종점이다. 길 감이 곧 목적이다." 평화를 원한다면 과정도 수단도 평화적이어야 한다는 말이다.

3. 평화 지향의 '선제적 보훈'

그렇다면 '보훈'의 영역은 어떤가. 사전적으로 보훈(報勳)은 "국가유공자의 애국정신을 기리어 나라에서 유공자나 그 유족에게 훈공에 대한 보답을 하는 일"이다. '국가보훈기본법' 제1조(목적)의 핵심을 정리하면, 보훈은 '국가를 위하여 희생하거나 공헌한 사람의 숭고한 정신을 선양(宣揚)하고 그와 그 유족 또는 가족의 영예로운 삶과 복지향상을 도모하며 나아가 국민의 나라사랑 정신 함양에 이바지하는 행위'이다.

얼핏 지당하고 분명한 규정 같다. 하지만 '나라를 사랑한다[愛國]'는 것, '공을 세운다는 것[有功]'이 무엇인지 하나씩 따지다 보면, 실제로 그 경계가 모호할 때가 많다. 전쟁 참전 용사가 국가유공자일 수 있고, 코로나19의 확산을 막기 위해 희생을 무릅쓰고 노력하는 이들도 국가유공자일 수 있으며, 나아가 양심적으로 선량하게 사는 소시민도 국가유공자일 수 있다. 이들 없이 국가가 유지되고 발전할 수 없기 때문이다.

그런데 현실에서는 어디까지가 국가에 공을 세우는 행위인지 규정하고자 할 때 늘 긴장과 갈등이 뒤따른다. 어떤 태도로 얼마나 헌신하고 희생적이어야 유공자라고 할 수 있는지는 결국 사회적 의미와 영향력에 따른 법률적인 판단에 달려 있다. 공식적으로 국가유공자라는 말은 헌신과 희생의 객관적 증거에 입각해 법과 규정대로 판단한 이후에나 쓸 수 있다.

이렇게 법률에 의거하지만 설령 그 법률적 판단 밖에 있다고 해서 유공의 가치와 본질에서 멀어지는 것은 아니다. 모두가 사회와 국가에 중요한 이들이라는 점에서 이들의 삶에 근본적이고 실질적인 우열을 매기기는 힘들다. 중요한 것은 누군가의 희생이 자꾸 이어지는 폭력적 현실을 직시하고, 그 폭력을 축소해 나가야 한다는 사실이다. 역설적이게도 국가유공자가 더 이상 나오지 않아도 되는, 바꾸어 말하면 「국가보훈기본법」의 국가유공자의 개념을 바꾸지 않으면 안 될 평화의 세상을 만들어가는 일이 중요하다는 것이다.

더욱이 세계가 하나의 마을로 전환하고 있는 때일수록, 어느 국가에 공을 세우는 행위가 다른 국가에 피해가 아닌 도리어 도움을 줄 수 있다면 금상첨화일 것이다. 보훈이 국가를 위하여 희생한 사람의 숭고한 정신을 선양하는 행위라고 할 때, 그 희생이 특정 국가만이 아닌 다른 국가에게도 유익이 될 수 있다면 더 좋지 않겠는가 하는 것이다. 그렇다면 국가를 위한 희생이 더 이상 발생하지 않아도 되는 지구촌 사회를 만드는 일이야말로 보훈이 나아가야 할 최종 목적지가 아닐 수 없다.

물론 그 길은 멀고도 멀다. 눈앞의 희생자를 돌보는 일이 최우선인 것도 분명하다. 그럼에도 불구하고 보훈의 이상적 목표를 간과해서는 안 된다. 희생의 정신을 선양하고 희생에 보답하며 지원하되, 궁극적으로 더 이상 희생이 나오지 않아도 되는 세상을 만들어가는 일에 다각도로 노력해야 한다. 이러한 시도를 이른바 '선제적 보훈'이라고 할 수 있다. 기존의 희생에 보답하는 '사후적 보훈'이 당면한 단기적 과제라면, '선제적 보훈'은 사후적 보훈을 포함하며 이루어야 할 장기적 과제이다. '사후적 보훈≤선제적 보훈'으로 범위를 규정할 수 있다. 선제적 보훈은 사후적 보훈에 의미와 방향성을 알려준다. 그 핵심은 한마디로 평화라고 할 수 있다. 평화 지향적 보훈이 되어야 하는 것이다. 이러한 선제적 보훈은 기존 보훈의 의미가 국경 중심의 근대 민족국가 범주를 넘어, 탈경계적 세계시민사회에 어울리도록 재규정하는 행위와 연결된다.

4. 분단을 관리하며 통일을 지향한다

전술했듯이 국가를 위해 희생당한 이들을 국가가 돌보고 공훈에 보답하는 일은 당연히 국가공동체를 유지하기 위한 근간이다. 이때 '국가'를 좁게 해석하면 특정 국가의 보훈정책이 다른 국가에 대한 적대적 행위로 나타날 수도 있다. 사회적 공평이나 공정을 구체화하는 일이 보훈의 기초이지만, 이 공정이나 공평도 특정 집단 안에서만 통용되면 언젠가는 그 집단 밖에서부터 문제가 제기된다. 사회적 공평과 공정을 실현하는 과정은 평화의 과정이지만, 자기중심적 평화주의에서 보았듯이, 특정 국가가 내부적으로 결속해 가는 과정이 다른 국가에게는 갈등의 진원지로 작용할 수도 있다. 일본의 아베 정권이 '적극적 평화주의(proactive peace strategy; proactive contribution to peace)'라는 말을 내세워 헌법을 개정하고 군대를 보유하려는 시도가 한국 및 주변국가에는 위협이 되는 것이 그 사례이다. A국가가 평화를 만들어 가는 과정이 B국가에 대해서 적대적 행위가 된다면, B국가가 경험하는 적대성으로 인해 A국가는 다시 B국가의 도전을 받고 위협에 휘말리게 된다. 그러면 A국가가 추구하는 평화가 부메랑이 되어 다시 A국가에게 위협으로 다가올 수 있는 것이다. 평화도 자기중심적으로 유지하려다 보면, 평화라는 명분이 폭력의 원인이 될 수 있다.

'보훈'이 자기 국가 안에서만 공정한 것이 아니라, 가능한 한 국제사회에, 나아가 세계시민사회에 어울릴수록 좋은 이유도 여기에 있다. 그래야 하는 이유는 무엇보다 현재 한반도의 상황이 잘 보여주고 있다. 무슨 뜻인가.

주지하다시피 남북한은 분단국가이면서 동시에 통일을 지향한다. 분단의 원인과 현 상황만으로 보면 북한은 적대국이지만, 통일을 지향한다는 점에서는 미래의 일치로 나아가기 위한 교류와 협력의 대상이다. 남북관계는 적대적 준국가 관계에 있으면서 역사의 공유, 민족적 동질성에 기반해 통일을 지향하는 양면관계에 있다. 서로를 별개의 적대적 국가처럼 간주해야 하는 데서 오는 심리적·사회적 갈등도 있지만, 동시에 민족적 동질성에 기반한 공존과 통일 지향의 정서도 자연스럽게 느껴지는 이중상황 속에 있다는 뜻이다. 응당 북한에 대한 태도는 양면을 견지하되, 특히 후자 쪽을 더 강화해야 한다.

이것은 한국의 보훈이 어떤 태도를 견지해야 하는지를 잘 보여준다. 가령 6·25전쟁에 참여했다가 희생당한 이들과 유족을 돌보는 일은 보훈의 핵심이지만, 여기에만 머물러서는 곤란하다는 뜻이다. 북한의 보훈정책이 북한 사회에서 갖는 의미를 연구하고, 그 의미를 적절히 반영하며 결국은 북한을 품는 더 큰 보훈의 개념과 정책을 마련해야 하는 것이다. 남한의 보훈이 북한에게도 유의미한 것이 될 수 있도록 보훈의 시각을 확대해야 한다. 이것이 선제적 보훈의 한 가지 길이기도 하다. 보훈을 평화의 관점에서 읽어보려는 것도 이러한 문제의식 때문이다. 기존의 보훈을 평화지향적으로 재구성하고 확장시켜야 하는 것이다. 이런 문제의식을 좀 더 구체화시키기 위해, 평화란 무엇인지부터 다시 정리해 보도록 하겠다.

5. 평화유지와 평화조성

평화의 가장 일반적인 정의는 '평화는 폭력이 없는 상태'라는 문장이다. 그런데 어떤 강력한 힘이 조직이나 체제를 조절 및 통제하고 있어서 외견상 폭력이 없는 것처럼 보일 수도 있다. 하지만 그렇다고 해서 폭력이 없는 것은 아니다. '전쟁이 끝나고 평화가 찾아왔다'는 언어를 관습적으로 사용하기도 하지만, 전쟁이 없다고 해서 평화로운 것은 아니다. 국제 정치나 정책적 조율로 인해 서로 침범하지 못하고 있다고 해서 평화가 온전히 이루어진 것도 아니다. 현실적으로 평화는 정책이나 조약의 조절 대상이기도 하지만, 더 근본적으로는 인간 삶의 전체 영역과 관련한 문제이다. 갈퉁이 말한 '적극적 평화(Positive Peace)'가 대체로 여기에 해당하며, '유엔개발계획(UNDP)' 〈인간개발보고서〉(1994)에서 말한, '국가 안보(national security)'를 넘어 '인간 안보(human security)'가 보장된 상태라고 할 수 있다.

하지만 문제는 인류가 이러한 적극적 평화를 경험해 본 적이 없다는 사실이다. 성소수자 혐오나 성차별과 같은 것을 포함해, 일체의 문화적 폭력마저 사라진 상태, 이른바 '인간 안보'가 실현된 적이 없다. '인간 안보'라는 용어조차 인간이 그 어떤 힘에 의해 보호받는 상태라는 수동성을 면하기 어려운 상황이다. 평화도 더 큰 힘이 지켜줄 때의 안정 상태 정도로 상상하다 보니, 더 큰 힘을 갖추기 위해 무력을 확대하거나, 더 큰 힘에 기대어 자신의 안위를 지키려는 경향이 지속되고 있다.

더 큰 힘에 기대어 현 상태를 유지하려는 행위를 평화학에서는 '평화유지(peace keeping)'라고 하는데, 인류는 분명히 좁은 의미의 '평화유지'를 위한 구심력을 발휘해 왔다. 특정 국가, 특히 강대국의 보호나 감시로 인해 군소 국가들이 서로를 침범하지 못한 채 현 상태를 유지하고 있는 것이 그 사례이다. 성서에 나오는 다음과 같은 비유적 표현은 이천 년 전에도 평화를 더 큰 힘에 의해 보호받고 있는 상태로 이해하고 있었음을 잘 보여준다: "힘센 사람이 무장하고 자기 궁전을 지키는 동안 그의 소유는 '평화 안에 있습니다(엔 에이레네)'(누가복음 11:21)."

이런 상황을 의식하고서 어떤 힘에 의해 보호받는 데서 오는 안정감을 더 확보하기 위해 상호 간 안전을 보장하는 조약을 맺어 더 큰 충돌을 예방하기 위한 행위를 하기도 한다. 이런 행위를 '평화조성(peace making)'이라 한다. 더 큰 힘과 그보다 작은 힘 사이의 정치적 역학 관계에 따라 이들 힘이 견제와 균형을 이루도록 협정을 맺어 물리적 충돌이 벌어지지 않게 하는 행위이다. '평화조성'이 '평화유지'보다 더 평화적이라고 할 수 있다면, 그 이유는 무력적 힘을 조약이나 협정이라는 문자적 혹은 언어적 정신으로 대체한다는 데 있다. 각종 조약이나 협상은 현실 너머에서 공통의 영역을 상상할 수 있는 인간 정신의 언어적 구체화이다. 이 언어적 표현에 상대방에게도 비슷한 무게중심을 둘 줄 아는 행위는 진화론적으로 보건대 분명히 평화를 향한 일보 전진이다. 역사학자 유발 하라리(Yuval Harari)가 인류의 거시사를 다룬 베스트셀러 『사피엔스』에서 인류는 평등으로의 길을 걸어 왔다는 작은 결론을 내릴 수 있었던 것도 '허구'를 공유할 줄 아는 인간의 능력을 긍정적으로 평가한 데 따른 것이다.

6. '감폭력'으로서의 평화

거시적으로 보면 전쟁과 충돌을 방지하기 위한 국가 간 합의 내지 조약의 빈도수가 많아졌다. 칸트(Immanuel Kant)가 국가 간 힘들에 의한 전쟁과 폭력을 극복하려면 일종의 세계정부가 필요하다고 제시한 이래 유럽의 사상가들은 이에 대한 상상을 지속해 왔고, 그 배경 속에서 '유엔'이 성립된 것이 대표적인 평화조성 행위이다. 인류는 분명히 평화조성을 위한 걸음을 차근차근 내디뎌 왔다고 할 수 있다. 하지만 폭력의 양상이 변화하며 인간의 내면에 침투해 왔다는 이면도 보아야 한다. 폭력의 양은 줄어들었지만, 폭력의 양상이 변화되었고, 질은 강화되어 왔다. 오늘날은 폭력이 폭력인 줄 모르고 지내는 경우가 많다.

가령 자유경쟁에 따라 성과의 축적을 찬양하는 신자유주의 사회에서는 경쟁에서 이기도록 요구하는 외부적 강제력을 당연시한다. 개인과 집단 안팎으로 가해 오는 사나운 자본의 힘은 오늘날 거대한 폭력의 원천이지만, 개인이나 집단이 그 폭력을 기꺼이 감내할뿐더러 스스로를 닦달하며 적극적으로 추구하기까지 한다. 이 힘이 폭력이라고 판단할 줄 아는 주체가 사라져, 폭력이 더 이상 폭력으로 보이지 않게 된다. 폭력을 개인 안에 내면화시켜 그 폭력을 자발적으로 감당하는 흐름이 형성되고 있는 것이다. 폭력이 예전과는 다른 방식으로 내면화하는 바람에 폭력을 해결하기가 도리어 더 힘들어진 시대라고 할 수 있다. '구조적 폭력'의 극복과 '적극적 평화'의 실현은 인류의 여전한 과제이며, 전술한 '평화유지'와 '평화조성' 그 이상의 차원, 즉 '평화 구축 (peace building)'이 요청되는 것은 이런 맥락 때문이다.

평화 구축은 개인의 내면, 문화적 차원에서까지 폭력을 줄이거나 없애기 위한 행위이다. 리사 셔크(Lisa Schirch)의 정리를 빌면, 평화 구축은 "모든 형태의 폭력을 예방하고 감소시키고 변화시키며 사람들을 폭력으로부터 회복할 수 있도록 돕는" 활동이다. 적극적 평화를 세우기 위해 국제 질서는 물론 인간과 자연 간 관계까지 염두에 둔 폭넓은 규정이다.

평화조성 행위에서도 보았듯이, 평화를 위해서는 법과 법에 기반한 질서도 필요하다. 하지만 더 근본적인 것은 평화를 위한 법을 만들고 나아가 그것이 제대로 지켜지도록 아래로부터 요청하는 다양한 목소리들이다. 이것이 평화 구축의 근간이다. 평화 구축은 하나의 완결 상태가 아니라 적극적 평화를 이루어 가는 과정이다. 필자가 "평화는 폭력을 줄이는 과정", 한마디로 "감폭력(減暴力)의 과정"이라고 규정한 바 있는데, 이것은 큰 틀에서 전술했던 '선제적 보훈'과 같은 맥락에 있다고 할 수 있다. 아니, 보훈의 철학과 정책이 오늘날 세계적으로 연구되고 있는 평화, 특히 평화 구축의 길로부터 배워야 한다는 말이 더 옳겠다.

7. 독립·호국·민주의 화학적 결합과 '회복적 정의'

보훈을 평화 지향적으로 상상하고 추구하게 되는 것도 이 지점이다. 보훈은 큰 틀에서 억압과 지배에서 벗어나고 전쟁의 상처를 극복해 건강한 국가공동체를 만들려는 시도이다. 당연히 희생과 상처를 보듬는 일은 중요하고 중요하다. 나아가 희생과 상처를 준 상대방에 대한 태도도 중요하다. 상대방을 적대하는 데에 머물면 희생과 상처도 지속된다. 가해와 피해의 이분법적 도식을 극복해야 하는 것이다.

이때 범죄자/가해자에 대한 응보적 처벌에만 머물지 않고 가해자의 내적 변화까지 도모하는 '회복적 정의(restorative justice)'는 시사하는 바가 크다. 회복적 정의는 피해자, 가해자, 공동체 모두의 회복을 이루려는 새로운 시도이다. 피해자와 관련 공동체는 물론 가해자도 피해 회복 프로그램에 함께 참여해 폭력에 의한 피해를 바로 잡고, 범죄의 예방과 치유를 시도하는 과정이라고 할 수 있다. 가해자에게 책임을 물으면서도 가해자가 자신의 행동이 끼친 의미를 깨닫는 시간을 갖는다는 사실이 중요하다. 회복적 정의는 가해자의 행위와 무관한 처벌로만 끝나는 기존 응징적 사법체계의 한계를 직시하고, 가해의 대가가 가해자의 내면에까지 소급되도록 이끌며, 피해자의 아픔의 원인을 좀 더 심층적으로 볼 수 있도록 해준다. 정의가 '법[法]의 운용[司]'의 문제이기도 하다는 점에서 '회복적 정의'는 '회복적 사법(司法)'이라고 표현하는 것이 더 옳을 수도 있다.

물론 어떤 표현이든 가해자의 사과와 반성이 전제되어야 하고, 피해자의 용서와 화해로 이어지는 것이 중요하다. 그런 식으로 사회적 정의를 구체화하기 위한 법률적 행위가 회복적 정의의 취지이다. 실제로 이러한 회복적 정의의 취지에 어울리게 남아프리카 공화국에서 기존의 흑인 차별정책인 아파르트헤이트를 철폐하고, 백인 가해자와 흑인 피해자가 화해를 비교적 성공적으로 이루어낸 사례가 있다.

보훈도 희생과 상처를 치유하면서도 그 원인 제공자에 대한 용서 및 화해도 함께 이루어야 한다. 주지하다시피 보훈은 국가를 위한 국민의 희생에 국가가 보답하는 과정으로서, 보훈에는 늘 누군가의 희생이 전제되어 있다. 한국의 경우는 일제강점기에 독립을 추구하는 과정에 겪은 희생 및 6·25전쟁 중에 북의 남침을 막기 위한 과정에 당한 희생이 대표적이다. 여기에 더 보태면, 4.19와 5.18처럼 대한민국 민주주의의 발전을 위한 과정에 당한 희생이 있고, 국민의 생명과 재산을 보호하는 공무 과정에 당한 희생도 있다. 국가보훈기본법 제3조(정의)에서는 희생 및 공헌의 내용을 다음과 같이 규정한다.

'희생·공헌자'란 다음 각 목의 어느 하나에 해당하는 목적을 위하여 특별히 희생하거나 공헌한 사람으로서 국가보훈관계 법령에서 정하는 적용 대상 요건에 해당하는 사람을 말한다: 가. 일제로부터의 조국의 자주독립 / 나. 국가의 수호 또는 안전보장 / 다. 대한민국 자유민주주의의 발전 / 라. 국민의 생명 또는 재산의 보호 등 공무수행.

이러한 규정과 적용에 근거해 한국에서 보훈은 '독립'과 '호국'과 '민주'라는 세 가지 키워드로 이해하는 흐름이 형성되었다. 독립운동 중에, 나라를 지키는 과정에, 민주적 가치를 구현하기 위해 당한 희생에 국가가 심적·물적으로 보답하는 과정이 보훈이다.

그런데 문제는 독립, 호국, 민주라는 세 가지 가치를 화학적으로 결합시키기 쉽지 않다는 점이다. 가령 특정 국가의 '호국'적 행위가 주변 국가에 피해를 주거나 민주주의를 해칠 수도 있다. 일본 정치인의 야스쿠니 신사 참배가 좁은 의미에서는 일본을 위한 호국적 행위지만, 그것이 한국과 중국 등 주변국을 불쾌하게 만들고, 동아시아 정치적 긴장의 주요 원인으로 작용하는 것이 그 사례이다. 물론 일본과 경우는 많이 다르지만, 한국도 유사한 상황 속에 놓여 있다. 다소 불편한 진실이지만, 한편에서는 고엽제 피해자를 중심으로 베트남전 참전용사를 국가 차원에서 지원하고 예우하고 있지만, 다른 한편에서는 전쟁 당시 상대방에게, 특히 무고한 민간인에게까지 피해를 준 일도 있다. 누구든 어떤 국가든 피해자(국)이면서 동시에 가해자(국)일 수 있다는 사실을 기억할 필요가 있는 것이다.

이런 점에서 현재의 보훈은 '평화유지'에는 기여하지만 '평화조성'의 행위로까지는 나아가지 못하고 있는 것으로 보인다. 국가유공자에게는 가해 당사국인 북한이나 일본, 때로는 베트남이나 중국 등과 조율해 아시아적 차원에서 평화를 '조성'해 가는 정책까지는 이루어지고 있지 못하다.

8. 민주유공자와 평화 구축

이러한 때에 보훈의 세 가지 가치 중 하나인 '민주'의 의미는 상대적으로 더 크다. 민주유공자는 독재정권에 의한 피해자이면서 동시에 독재를 변화시킬 수 있는 가치이자 세력이기도 하다는 점에서 그렇다. 독재는 민주를 품지 못하지만, 민주는 독재를 품어 변화시킨다. 민주에는 가해자를 용서하고 화해할 수 있도록 하는 역량이 있다. 군대 중심의 국가 안보 행위가 협의의 애국적 행위라면, 이런 협의의 애국은 필수적이면서도 자칫 부메랑이 되어 위협으로 이어질 가능성도 있다. 이른바 '안보 불안'이 그 사례이다. A국가의 안보가 B국가에게 위협이 된다고 느껴지면, B국가도 안보를 강화하게 되고, 그것이 다시 A국가를 불안하게 하는 식이다. 이런 모순을 극복하려면 군비를 축소해도 불안하지 않을 세상을 만들어나가야 하는 것이다.

이것은 보훈이 전쟁 희생자에 대한 지원만이 아니라 궁극적으로는 전쟁 자체가 사라진 세계까지 추구할 수 있어야 한다는 뜻이다. 전술한 '선제적 보훈'도 이런 의미를 지닌다. 보훈이 '평화유지'에 머물지 않고, '평화조성'을 거쳐 '평화 구축'으로까지 나아가는 데 기여할 수 있어야 하는 것이다.

좁은 의미의 보훈은 대북 적대성을 전제로 하지만, 보훈이 적대성에 머물면 통일 시대를 열 수 없다. 보훈도 통일을 대비하며 북한을 품을 수 있는 준비를 해야 한다는 것이다. 같은 이치로 북한도 남한을 품을 수 있는 정책으로까지 나아가야 한다. 물론 남한이 그러한 요청을 하는 행위를 포함해 북한 사회를 움직이는 일 자체가 쉬운 일이 아니다. 그럼에도 불구하고 지속적 대화와 협의를 통해 피차 그런 준비를 해 나가야 하는 것도 분명하다. 그러려면 독립유공자, 호국유공자가 민주유공자 및 사회공헌자와 조화하며, 화학적 결합을 할 수 있도록 다각도로 준비해야 한다. 이러한 보훈은 분명히 인류애적 보편성과 연결된다. 이런 식으로 세계와 통하는 한국적 보훈의 영역을 구축해 나가야 하는 것이다.

독립과 호국은 오늘의 한국을 설명하는 명백한 근간이라는 점을 명심하되, 결국은 일본이나 북한까지 품을 수 있는 민주적 보훈으로까지 확장시켜 가야 한다. 더 장기적으로는 인류 사회를 위한 공익적 희생도 지원할 수 있는 시스템을 한국에서부터 갖춰 나가야 한다. 그렇게 인류가 축복할 만한 보훈의 모델을 한국에서 만들어야 한다.

9. 한국적이면서 세계적인 보훈의 가능성

이러한 때 적어도 국내적 차원에서 보면, 광주민주화운동의 희생자를 지원하기 위한 법률(5·18유공자 예우에 관한 법률, 2002)이 지닌 선제적 보훈을 위한 함축성은 작지 않다. 여기에 들어있는 '민주'라는 언어가 특히 그렇다. 전술했듯이 독립과 호국에 비해 민주는 국가와 인종을 넘어 다양성을 포섭할 수 있는 인류의 보편적 가치와 더 잘 연결되기 때문이다. 게다가 한국에서 '민주'는 5.18 이전에 이미 4.19혁명에서부터 확인되는 가치이다. 대한민국 헌법의 전문에서도 "대한국민은 3·1운동으로 건립된 대한민국임시정부의 법통과 불의에 항거한 4·19민주이념을 계승"한다는 문장으로 시작한다. 4.19로 대표되는 '민주'는 대한민국 정체성의 근간인 것이다. 하지만 현실에서 민주에 대한 이해는 다양하며 그 스펙트럼도 넓다. 민주를 자유와 연결시키는 이들(자유민주주의)과 민주를 공공성/공화와 연결시키는 이들(민주공화) 간 입장 차이가 적지 않다. 그러다보니 평화라는 이름으로 갈등하기도 하듯이, 같은 '민주'의 이름으로 충돌이 벌어지곤 한다. 이 부분에서도 지속적인 대화와 화해가 필요한 상황이다.

보훈의 영역에서도 '호국'유공자가 대다수를 차지하며, '민주' 유공자는 소수이다. '호국'적 애국주의가 구체적인 행위인데 비해 '민주'적 애국주의는 상대적으로 광범위하고 경계가 모호한 탓도 크다. 실제로 국가보훈처의 보훈 정책은 전쟁 희생자와 제대군인(Veterans) 지원 등 군 중심적으로 진행되어 왔다. 이런 흐름은 식민지, 분단, 전쟁 경험의 상처가 워낙 큰 한국으로서는 일견 불가피한 일이다. 보훈처가 군사정권 시절이던 1961년 '군사원호청(Military Relief Administration)'으로 시작되고, 1985년 국가보훈처로 개편되어 오늘에 이르고 있는 역사의 필연적 결과이기도 하다. 보훈이 군 중심적인 경향을 띠는 것은 미국이나 유럽 등지에서도 마찬가지이다.

그렇다고 그것이 절대적 표준이라는 뜻은 아니다. 세계가 급격히 하나로 엮여 가고 있는 현실을 보건대, 이러한 상황에 머물러서는 안 된다는 사실도 분명하다. 보훈도 국민 전체를 보고 가야 하는 것이다. 그런 점에서 한국의 경우 국가보훈처(Ministry of Patriots and Veterans Affairs)를 중심으로 4.19와 5.18민주유공자의 보상과 선양 정책도 꾸준히 추구하고 있는 것은 다행스러운 일이다. 민주유공자를 꾸준히 확대하고, 희생적 사회공헌자까지 지속적으로 발굴해 지원하는 정책은 향후 더욱 요청되는 일이 아닐 수 없다. 전술했듯이, 보훈관계법령에서 말하는 보훈은 호국은 물론 민주와 사회적 공익을 위한 희생에 대한 것까지를 모두 포함하는 가치이기 때문이다.

과연 '보훈'이 한국적이면서 동시에 세계적일 수 있을까. 과연 한국의 보훈이 일체의 적대적 폭력을 줄여 가는 평화 지향적인 활동으로 나타날 수 있을까. 어느 국가에 공을 세우는 행위가 그 국가에만 이익이 되는 것이 아니라 다른 국가에도 유익이 될 수 있다면 더 좋지 않겠는가 하는, 타자 포용적 보훈에 대한 상상을 더 확장할 필요가 있다. 궁극적으로는 국가를 위한 희생이 더 이상 발생하지 않아도 되는 평화로운 인류 사회를 만드는 일, 그런 의미의 '선제적 보훈'의 기초를 다져 가야 하는 것이다. 전 세계, 초연결의 시대일수록 이것은 당연하면서도 당면한 과제이다. 국내에서 기념하고 기억하면서도 인류가 축복하는 한반도형 보훈의 평화적 미래를 꿈꿔 본다.

정의와 보훈

전 수 미_ 숭실대학교 숭실평화통일연구원 교수, 변호사

1. 서론

아마도 '정의'라는 개념보다 폭넓은 개념은 없을 것 같다. 우리 법조계에서는 일반적으로 정의(Justics)는 법무부를 'Ministry of Justices'로 지칭하거나 안대를 쓴 정의의 여신이 검과 저울을 들고 있는 모습으로 형상화되기도 한다. 정의의 여신이 들고 있는 칼은 '보복적 정의'를 구현하기 위한 상징으로 죄 지은 자를 처벌하기 위한 수단을 극적으로 상징한다. 여기에 회복적 정의는 피해자와 범죄자의 요구에 초점을 맞춘 정의의 개념이라 할 것이다.

법제도적 측면에서의 정의는 기본적으로 개인과 사회와의 관계와 관련이 있다.* 사회정의는 사회 구성원 모두의 평등을 요구

---

* social justice, Definition of social justice in English by Oxford Dictionaries , (https://www.lexico.com/definition/social_justice) 최근검색일 2020. 10. 2.

하는 것은 아니라는 점에서 일반적인 '평등주의'와는 결을 달리한다고 볼 수 있다. 보훈은 한자로는 '報勳', 영어로는 'rewarding patriotism'으로 표기된다는 점에서 공훈에 보답하거나, 국가유공자의 애국정신을 기리어 유공자나 그 유족에게 훈공에 대한 보답을 하는 것을 의미한다.* 이러한 보훈의 정의에 비추어 적용되는 사회정의는 각 개인들이 자신의 기여에 비례하여 보상을 받아야 한다는 사회학자 조지 C.호먼스(Homans, George Caspar)의 개념이라 할 수 있다.** 또한 존 롤스(John Rawls)의 분배적 정의에 따라 국가유공자들은 국가에 기여한 만큼 국가의 공공재를 받을 자격이 있는 사람으로 분류 될 수 있다.***

　UN에서는 사회정의를 '국내 및 국가 간의 평화와 공존을 위한 기본원칙'으로 정의하고****, 사회정의 실현을 위한 관련 보고서에

---

* 보훈, 표준국어대사전 검색,
　https://stdict.korean.go.kr/search/searchView.do?word_no=433531&searchKeywordTo=3 최근검색일 2020.10.2.

** Homans. George Caspar. 1974. Social behavior; its elementary forms Rev. ed. New York: Harcourt, Brace, Jovanovich. pp. 246–249.

*** 존 롤스의 정의론에 대한 자세한 내용은 John Rawls. 1999. A Theory of Justice Rev. ed, Oxford: Oxford University Press 참조.

**** UN에서의 사회정의 ""World Day of Social Justice, 20 February" (https://www.un.org/en/observances/social-justice-day) 검색일 2020.10.12.

서 "유엔 헌장과 세계 인권 선언에 의해 형성된 포괄적이고 세계적인 관점에서 볼 때 모든 차원에서 사회정의의 추구를 소홀히 하는 것은 폭력과 억압, 훼손된 미래를 사실상 수용하는 것으로 해석 된다"고 명시하고 있으며, 사회정의 실현을 위해서는 공공기관이 구상하고 시행하는 강력하고 일관된 재분배 정책이 필요하다고 결론짓고 있다.*

사회복지에 있어 사회정의가 각 개인이 '인간의 존엄성'을 보장받아야 한다는 측면에 주목한다면, 보훈에 있어서 사회정의는 국가에 공헌한 각 개인이 '존경받을 권리' 및 '인간으로서 존엄성을 누릴 권리'를 향유해야 한다는 점을 강조한다고 볼 수 있다. 이 장에서는 정의 실현을 위해 인간의 '존엄성' 및 '존경받을 권리'를 바탕으로 현재 한국정부에서 행해지고 있는 보훈제도의 현황 및 문제점을 분석하고 사회정의 구현을 위해 국가정책적 차원에서 나아가야 할 보훈의 방향을 제시하고자 한다.

---

* UN. 2017. "Social Justice in an Open World: The Role of the United Nations", The International Forum for Social Development, Department of Economic and Social Affairs, Division for Social Policy and Development, ST/ESA/305, New York: United Nations.

2. 보훈제도의 현황과 실무상 문제

1) 보훈제도 현황

(1) 근거 법령

보훈제도의 근거 법령은, 보훈의 기본법, 직접 보훈대상자 지위를 인정하고 혜택을 부여하는 법적 근거를 정하는 법령과 보훈대상자의 지위에 관하여 간접적으로 규정하거나 영향을 미치는 법령으로 나눌 수 있다.

보훈제도의 기본법령은 「국가보훈기본법」(2005.5.31. 법률 제7572호)이다. 보훈대상자에 대한 법률 관계를 직접 규율하는 법은 「국가유공자 예우 등에 관한 법률」과 「보훈보상대상자 지원에 관한 법률」을 꼽을 수 있다. 이들은 고유 행정 영역을 규정하는 법령이므로 법률에서 보훈대상자의 종류와 요건, 심사절차 등에 관한 대강의 내용을 정하고 상세한 내용을 대통령령과 시행령에 위임하고 있다. 그 외에도 「독립유공자예우에 관한 법률」, 「특수임무유공자 예우 및 단체설립에 관한 법률」, 「5·18민주유공자 예우에 관한 법률」, 「고엽제후유의증 등 환자지원 및 단체설립에 관한 법률」, 「참전유공자 예우 및 단체설립에 관한 법률」 등 개별 법령에서 개별 보훈대상자들에 대한 요건과 인정 절차, 혜택 등을 규정하고 있다.

간접적으로는 보훈대상자의 법률관계나 법적 지위에 영향을 미치는 모든 법령, 그리고 보훈을 위한 물질적 보상 외의 예우와 기념사업에 관련된 모든 규정들이 법원(法源)과 같은 근거법령의 범주에 포함된다. 헌법의 이중배상금지(헌법 제29조 제2항), 국가유공자·상이군경 및 전몰군경의 유가족에 대한 우선적 근로의 기회 부여(같은 법 제32조 제6항), 군인연금법·경찰연금법 등에 정한 보상, 상훈법 등이 있다.

(2) 보훈제도의 변화 과정

보훈제도가 처음부터 체계적으로 갖춰진 건 아니었다. 대한민국에서 최초로 운영된 보훈제도는 1950년 무장 충돌이 잦고 남성의 사회진출과 노동력이 중시되던 현실에서 공비 토벌 희생자 등을 위해 마련한 「군사원호법」(1950. 4. 14. 법률 제127호)이다. 이 제도는 군무에 복무하는 장병과 그 가족 또는 유족에 대한 원호를 목적으로 하였고, 생계부조와 직업보호 및 수용보호(의료혜택)를 제공하는 내용을 담고 있었다. 다만 '상병군인' 등으로 지원대상자 요건이 매우 단순하고 추상적이며 기본적인 혜택만을 제공하는 것이어서, 경제적으로 어려운 시기였던 당시에는 실효성이 크지 않았던 것으로 보인다.

「군사원호법」은 1961년 「군사원호보상법」(1961.11.1. 법률 제758호)으로 대체되었고, 적용대상도 제대군인·상이군인·전몰군경의 유족으로 확대되었다. 상세하게는 전상군경, 공상군경, 전몰군경유족, 6.25전쟁 희생자, 애국지사, 4.19혁명, 재일학도의용군인 등을 포함하고 있었다.

1984년 원호제도가 국가유공자 예우제도로 고쳐지면서 명칭도 원호처에서 국가보훈처로 바뀌고, 「국가유공자 등 예우 지원에 관한 법률」(1984.8.2. 법률 제3742호)을 제정하면서 현행 제도의 기본적인 틀을 갖추게 된다. 이 법은 「보훈보상대상자 지원에 관한 법률」(2011.9.15. 법률 제11942호)이 제정되면서 좀 더 혜택 범위와 내용이 확장·보충된다. 취업이나 교육 및 의료지원은 물론 일정 이자율의 대출과 주택 지원까지 포함된다.

여기에서 특히 주목할 것은 보훈제도가 물질적인 보상에 그치지 않고 보훈의식의 고취와 기념 등 대인적 처분 이상으로 나아가기 시작했다는 점이다. 이런 변화된 패러다임은 「국가보훈 기본법」(2005.5.31. 법률 제7572호) 제정으로 다시 한번 확인되었다. 국가와 지방자치단체가 희생·공헌자의 공훈과 나라사랑 정신을 선양하고 국가보훈대상자를 예우하는 기반을 조성하기 위하여 노력할 것을 선언하고(같은 법 제5조 제1항), 국가보훈발전 기본계획의 수립과 실천계획 수립·시행(같은 법 제8조, 제9조), 국가와 지방자치단체의 보훈문화 창달 노력(같은 법 제21조), 국제교류·협력 강화(같은 법 제28조) 등, 보훈대상자 개인을 벗어나서 체계적인 보훈 시스템을 갖추어 보훈의 의미를 살리기 위한 접근을 시도하고 있다.

또한 역사적 평가에 따라 여러 보훈대상자들의 재발견과 발굴이 이루어졌다. 이 덕분에 몇몇 사건에 제한되지 않고 보훈제도의 맥락에 대한 변화까지 불러올 수 있었다. 대표적인 것이 독립유공자 예우에 관한 법률과 2000년대의 5·18 유공자, 특수임무유공자 예우 및 단체 설립에 관한 법률이다. 이들은 사건 당시 국가가 제대로 직무에 대한 보상을 하지 못하거나 외면해왔던 일종의 과거사 청산 작업으로서의 성격도 갖는다.

한편 헌법을 중심으로 하는 관련 법령의 변화도 살펴본다. 유신헌법은 국가주의를 지극히 강조하는 시각에서 이중배상금지를 헌법에 명문화하면서 국가의 직무를 수행한 사람들에 대한 혜택을 후퇴시켰다. 베트남 전쟁에 참여한 전상자들에 대한 배상에 부담을 느낀 정권의 조치였다. 그러나 80년 헌법에서 현행 헌법에도 존재하는 국가유공자·상이군경 및 전몰군경의 유가족에 대한 우선적 근로기회 부여 규정이 도입되어 혜택이 확대되었다(1980년 헌법 제30조 제5항). 이 규정은 현행 헌법에서도 그대로 유지되었으며, 이중배상금지 규정은 끊임없는 도전을 받게 된다. 특히 이 규정과도 관련이 있는 베트남 전쟁 전상자들 중 고엽제후유의증 환자들을 위해 「고엽제후유의증 환자 진료 등에 관한 법률」(1993.3.10. 법률 제4547호)이 제정되었고, 이 법은 향후 고엽제후유의증 등 환자지원 및 단체설립에 관한 법률(2012. 12.21. 법률 제11600호)로 확장된다.

(3) 통계로 보는 보훈대상자 현황

<표1> 보훈대상자 현황 - 통계*

	2010	2011	2012	2013	2014	2015	2016	2017	2018	2019
총계	871,092	857,151	861,817	858,834	857,107	858,859	854,356	851,635	846,800	843,770
국가유공자(계)	766,499	745,844	752,035	745,452	738,474	734,135	723,602	714,217	702,571	685,681

---

* 국가보훈처 등록관리과 소관 보훈통계시스템(e-나라지표 보훈대상자현황) 참조, 최종접속 2020.10.7. http://www.index.go.kr/potal/main/EachDtlPageDetail.do?idx_cd=1561

-독립유공자	6,942	7,098	7,214	7,312	7,378	7,437	7,483	7,548	7,714	8,036
-전공상군경	156,570	160,962	177,883	182,851	186,570	190,438	194,184	198,097	202,176	206,745
-전몰순직군경	55,625	55,455	55,313	54,998	54,573	54,125	53,727	53,273	52,680	52,188
-참전유공자	437,095	408,944	394,657	379,634	364,980	353,346	335,879	319,630	300,154	284,631
-기타	110,267	113,385	116,968	120,657	124,973	128,789	132,329	135,669	139,847	142,548
고엽제후유의증 및 고엽제후유증 2세 환자	52,692	55,166	49,006	48,717	49,532	50,475	50,975	51,553	51,831	51,793
5.18민주유공자	4,090	4,095	4,191	4,252	4,252	4,235	4,225	4,377	4,415	4,410
특수임무수행자	3,113	3,261	3,496	3,575	3,617	3,659	3,690	3,714	3,765	3,786
중장기복무제대군인	44,698	48,785	53,089	56,838	61,232	66,355	71,864	77,774	84,218	89,633

출처 : 국가보훈처(보훈정책자료시스템) 참조

〈그림1〉 보훈대상자 현황 - 그래프*

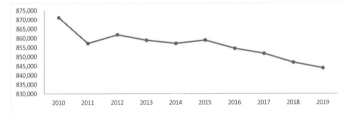

---

*   국가보훈처 등록관리과 소관 보훈통계시스템(e-나라지표 보훈대상자현황), 최
종접속 2020.10.7. http://www.index.go.kr/potal/main/EachDtlPageDetail.
do?idx_cd=1561

현존하는 보훈대상자 통계는 1962년부터의 현황을 기록하고 있다. 1962년에는 전몰순직군경 24,735명과 전공상군경 24,783명, 독립유공자 139명, 기타 683명으로 150,340명으로 집계되었고, 1996년 고엽제후유의증환자, 참전군인 및 제대군인도 편입되면서 254,591명으로 대폭 늘어난 뒤 그 추세를 계속하였다. 보훈대상자 사례군이 새롭게 발견·편입되면서 2019년 현재 전체 보훈대상자 수는 유족 등 당사자가 아닌 자를 포함하면 843,770명에 이른다.*

그러나 2010년대의 통계만을 모아 보면 다른 추이가 나타난다. 2009년 878,780명을 정점으로 계속 감소 추세인데, 보훈대상자 범위를 넓히지 않는다면 이 추세가 정상적이라고 볼 수 있

---

* 참조 : 「국가유공자 등 예우 및 지원에 관한 법률」 제5조(유족 또는 가족의 범위) ① 이 법에 따라 보상을 받는 국가유공자의 유족이나 가족의 범위는 다음 각 호와 같다.
1. 배우자 2. 자녀 3. 부모 4. 성년인 직계비속(直系卑屬)이 없는 조부모 5. 60세 미만의 직계존속(直系尊屬)과 성년인 형제자매가 없는 미성년 제매(弟妹)
② 제1항 제1호의 배우자의 경우, 사실혼 관계에 있는 사람을 포함한다. 다만, 배우자 및 사실혼 관계에 있는 사람이 국가유공자와 혼인 또는 사실혼 후 그 국가유공자가 아닌 다른 사람과 사실혼 관계에 있거나 있었던 경우는 제외한다.
③ ~ ⑥ (생략)

다. 가장 큰 비율을 차지하는 참전유공자와 전몰순직군경 등이 고령인 경우가 많아 점점 줄어들 수밖에 없고, 다른 보훈대상자도 대부분 오래된 과거의 사실을 이유로 하기 때문이다. 일제강점기나 한국전쟁, 베트남전쟁 같은, 대한민국 사회에 심각한 변화나 영향을 미치는 사건이 발생하지 않는다면 앞으로 보훈대상자는 공상공무원이나 중장기제대군인 중심으로 재편될 것으로 보인다.

실제 추이를 계측해 본 연구에서도 보훈인구 고령화로 2050년이 되면 521,829명으로 현재의 61.6% 수준으로 감소할 것이며,[*] 이 중 국가유공자는 363,191명으로 소폭 감소하면서 가장 주된 보훈대상자 유형에 해당하는 반면, 참전유공자는 3,873명, 고엽제후유의증 환자도 379명으로 소수만 남고 대폭 줄어들 것으로 추정하고 있다. 독립유공자나 한국전쟁 참전 등을 이유로 한 유공자들도 마찬가지이다. 이들 유형의 보훈대상자들은 유족이 없는 유형으로 신규 진입도 거의 없고 현재 수급자도 모두 고령이

---

[*] 김형석·신화연·이영자·이용재. 2020. 「국가보훈대상자 인구추계 및 보훈급여금 전망 : 코호트요인법을 중심으로」, 『한국보훈논총』 19(1): 1-24, 11쪽.

어서 해가 갈수록 급속도로 사망자가 증가하기 때문이다.*

2) 정의실현과 현장의 괴리 : 보훈소송 실무 상 문제

보훈대상자 신청은 현재까지 지속되고 있으며, 보훈대상자의 선정 절차는 보훈대상자 지위를 결정하는 의학적인 판단에 그치지 않는다. 대상자 판단의 핵심에는 '도덕'과 '국가를 위한 희생'이 존재한다. 보훈심사절차에서는 신체검사 등을 거쳐(「국가유공자 등 예우 및 지원에 관한 법률」 제6조의3) 상이등급을 결정하고, 그 희생과 공헌의 정도를 심사하여 혜택을 부여할지를 결정한다. 신체적 외상이 있고 국가를 위한 희생과 공헌 정도에 따라 이들에 대한 대우를 판단하는 것이다.

이러한 보훈대상자 선정 철차는 아리스토텔레스의 정의론에 담긴 도덕 논리를 보여준다. 보훈대상자의 선정은 어떠한 미덕을 칭송해야 하는지 묻지 않고서는 수여 대상자를 결정할 수 없다. 그리고 그 물음에 답하기 위해서는 영광과 미덕에 대한 고대

---

* 김형석·신화연·이영자·이용재., 위의 글, 12-13쪽 참조.

윤리관을 되짚어봐야 할 수도 있다. 오늘날 정의에 대한 담론은 주로 번영의 열매나 고난의 짐을 어떻게 분배하고, 시민의 기본권을 어떻게 보호해야 할 것인가에 대한 것이다. 그리고 그 논의를 지배하는 사고는 주로 행복과 자유이다. 그러나 경제적 분배의 옳고 그름을 주장하다보면, 어떤 사람이 도덕적 자격을 갖추었고 왜 그러한가에 대한 아리스토텔레스의 질문으로 되돌아가게 된다.*

정의는 흔히 영광과도 관련이 되기 때문에, 보훈대상자는 자신의 정의를 실현하기 위해 보훈대상자로서의 지위를 인정받기 위한 작업, 즉 소송을 진행하기도 한다. 보훈대상자 지위를 부여하지 않는다는 것은, 행정청이 보훈대상자의 보훈 사실 확인과 수익적인 법적 지위 부여를 거부한 것이므로 처분성을 가지며 항고소송의 대상이 된다. 국가유공자 지위를 인정받지 못할 경우 예비적으로 보훈보상대상자 인정을 구하기도 한다.** 보훈대상자 지위를 인정받고 급여를 지급받던 중 정지 처분을 받아 다투는 경

---

*   마이클 샌델. 2010. 『정의란 무엇인가』, 24쪽 참조.
** 주위적·예비적 관계에 있다고 판시한 대법원 2016.7.27. 선고 2015두46994 판결 참조.

우도 항고소송의 대상이 된다.

보훈대상자 선정이라는 분배 정의에 관한 논쟁은 누가 무엇을 갖는가의 문제뿐만이 아니라 영광과 보상을 얻는데 어떠한 자질이 필요한가의 문제이기도 하다. 보훈이라는 행위는 국가를 구한다는 도구적 목적뿐만이 아니라 국가에 희생한 자들에 대한 영광과 국민 일반에게 하나의 모범을 제시하는 목적을 수행한다.

하지만 남·북한의 과거사와 북한과의 관계, 국방부 관여 등의 문제로 보훈대상자의 선정에서 여러 문제가 발생하고 있다. 아리스토텔레스에게 정의란 사람들에게 그들이 마땅히 받아야 할 것을 주는 것이다. 아래에서 보훈대상자들이 겪고 있는 현장의 문제들에 대해서 검토하며, 그들이 마땅히 받아야 할 것을 주는 정의는 무엇인지 살펴보려 한다.

(1) 자료 산일로 인한 심리 곤란

법원은 변론 전체의 취지와 증거조사의 결과를 참작하여 사실 주장의 진실 여부를 판단하여야 하므로(민사소송법 제202조), 국가유공자나 보훈대상자 지위를 인정받기 위해서는 당연히 보훈자로 인정할 수 있는 사실을 뒷받침하는 증거가 있어야 한다. 그런데 이러한 사실관계는 전부 과거의 일이고, 때에 따라서는 매우 오랜 시간이 지난 사정을 이유로 보훈대상자로 주장하기도 한다.

결국 보훈 관련 판단을 위해서는 오래된 과거를 추적해야 하는 경우가 많다 보니 공문서 보존연한을 도과한 때가 많다. 뿐만 아니라 지금처럼 철저하지 못했던 행정 체계와 운영 현실상 남아 있는 과거의 행정 자료에도 흠결이 적지 않다. 이 때문에 기본적인 증명책임은 국가(행정청)에 돌아가는 것이 타당할 것으로 보인다. 신청자는 국가에 공로가 있는 행위를 수행할 당시 매우 급박하고 위태로운 상태였음에도 불구하고 이러한 행위를 수행하였던 까닭에 자신의 행적을 스스로 증명한다는 것은 현실적으로도 맞지 않을 뿐만 아니라 이치에 맞지 않기 때문이다.*

이 문제는 기본적으로 신청인에게 엄청난 부담을 줄 뿐만 아니라 행정청과 법원 입장에서도 반갑지는 않은 문제라 할 수 있다. 왜냐하면 사안이 어떠한 사실의 당부를 명확하게 판단하지 못한 채 증명책임 문제로 해결되기 때문에 심리적 저항을 받기 때문이다. 그뿐만 아니라 전체적인 보훈심사 및 소송절차까지의 과정에 비추어 보더라도 누군가는 그 증명 부담을 수행하여야

---

* 선은애, 「국가유공자 보상의 법 제도적 개선방안에 관한 연구 - 국가유공자 인정을 중심으로 -」, 『토지공법연구』 75(0), 2016, 385-403, 399쪽.

하는데, 아래에서도 서술하는 바와 같이 국가기록원 등에 기록이 남아 있거나 진상규명 절차로 산일된 증거를 정리해 둔 상황이 아니라면, 관련 기록과 기록으로도 담지 못하고 있는 당시의 목격자 진술 등 흩어진 자료를 모으기가 쉽지 않다.

진술자들 또한 과거의 사실에 관한 것이므로 이미 사망했거나 기억이 뚜렷하지 않아 진술을 꺼리거나 불분명한 수준에 그치는 경우가 많은데, 사망 직전이 아닌 이상 증거보전(민사소송법 제375조)의 요건을 갖추었다고 보기 어려운 경우가 많아 증언 확보도 쉽지 않다는 현실적 문제가 있다.*

(2) 감정의 어려움

보훈심사 절차에서 재검 절차도 보장하므로, 신체검사를 거치면서 어느 정도는 상이 등에 대한 믿을 만한 판단이 이루어진다고 볼 수도 있다. 그러나 육체적 상이뿐만 아니라 조현병이나 심각한 외상후 스크레스 장애(PTSD, post traumatic stress disorder) 등

---

* 일본에서는 기억의 산일로 증언의 증거 가치가 떨어지게 될 경우에도 증거보전에 포함하자는 견해까지 주장되고 있지만, 우리 실무에서는 증인이 위독하거나 여명이 얼마 남지 않은 경우 정도로 보고 있다. 법원행정처. 2017.『법원실무제요 민사소송 Ⅲ』, 서울: 법원행정처, 1327쪽 참조.

을 판단하는 데에는 한계가 있고, 군 복무중 위와 같은 피해를 입은 것을 주장하는 경우 소송에서까지 복잡한 다툼을 하게 된다. 이때 가장 중요한 것은 감정회신과 판단이다.

문제는 상해가 오래되었거나 정신적인 피해를 입었기 때문에 뒤늦게 감정을 하려 하면 기왕증이나 후유증과 뒤섞여 있어 상이 원인 등을 판단하기 매우 어렵다는 것이다. 감정 조건이라는 면에서 보면 감정 시료 및 대상이라고 할 수 있는 신청자의 신체나 정신이 깔끔하게 정리되거나 분리된 상태가 아니어서 정확한 감정 결과를 담보할 수 없다는 변인 통제의 어려움이 문제가 된다.

이러한 문제에 대해 법원에서는 심리를 통해 상당한 외부적인 요인이 있었는지를 비교하고 유전적 소인이나 기왕증 등의 존부를 비교하여 판단하고 있으나, 사실의 존부를 파악하는 감정에 규범적 판단이 뒤섞이므로 매우 어려운 일이다.*

여기에 감정 절차에 내포된 문제도 함께 작용한다. 신속하지 못한 감정 회신, 적절하지 못한 급여, 과도한 소송비용 증가, 사감정(私鑑定)에 대한 재판부의 불신 등이 증명을 더욱 불리하게 한

---

* 서울행정법원 실무연구회, 『행정소송의 이론과 실무(개정판)』, 서울: 사법발전재단, 2013, 733쪽.

다. 결국 이러한 문제들로 인해 감정 자체가 힘들어지고 감정에 따른 보상이나 예우 또한 보장하기 힘들어진다는 문제가 있다.

(3) 국방부 등의 비협조

앞서 본 바와 같이 증거나 자료 산일로 신청자의 당시 구체적인 자료를 알 수 없고, 행정처리 현황 등을 도저히 파악하기 어려울 때는 관련 행정을 소관하거나 문서를 보유하는 기관에 도움을 청할 수밖에 없다. 만약 당사자가 운 좋게 진상규명 대상 사건이어서 국가기관이 자료를 정리해 일정한 기록을 형성하였거나, 국가기록원에서 관련 기록을 보유하고 있다는 사정을 알게 된다면 재판부가 문서송부촉탁(민사소송법 제294조) 등으로 자료를 확보할 수 있어 다른 경우보다 낫다고 할 것이다.

특히 국가기록원은 법원이 재판업무 수행을 위해 필요한 개인정보 제공을 요청하는 경우 제공 범위를 제한할 수 없는데(cf「법원의 문서송부 촉탁 등에 대한 기록물 제공 규정」제8조 제1호, 민사소송규칙 제76조의2), 주로 사망한 자를 보훈대상자로 신청한 사건에서 의미가 있다.

그러나 이렇게 특정이 되는 운 좋은 사례만 있는 것은 아니며, 당사자의 주장조차 모호하여 사실조회 신청을 구해 일단 기초적인 사정을 확인하고 나서 주장을 보강해 나가야 하는 모색적 증명 상황에 빠지는 일이 발생한다. 이 경우 두 가지 난점을 안고 있다. 첫 번째는 말 그대로 국방부 등 기관의 비협조적인 태도이다. 기관 입장에서는 자료 제출 요구가 반갑지 않기도 하고, 폐쇄적인 행정 특성, 과거에 은폐되어 왔던 군내 의문사 사건 등으로 서로 이미지가 좋지 않아 호의적이지 않다.

두 번째는 사실조회 제도에 내포된 문제이다. 사실조회는 문서제출명령보다 대상의 범위가 넓지만 강제할 수 없음은 물론 제출기한에도 제한이 없다. 제출 시 비용을 지급하는 근거 규정도 법률상 없다. 즉 회신이 기관의 자율적 의사에 달려 있을 뿐 적극적으로 자료를 제출할 유인 동기도 없어 증거를 확보하기가 매우 어렵다.

3) 사회적 정의에 따른 현행 보훈제도의 문제점

(1) 규범적 측면에서의 보훈제도가 추구해야 할 정의

현행 헌법은 국가보훈제도와 관련하여 국가유공자 등에 대한 우선적 취업기회 보장(헌법 제32조 제6항)만을 규정하고 있다. 그러나 명문 규정이 없더라도 국가유공자와 같이 국가 또는 국민을 위하여 매우 가치가 높은 희생이나 공헌을 한 사람에게 국가가 보상하는 것은 '인간의 존엄성'의 측면에서나, 헌법 이념적으로나 국가 윤리적으로 지극히 타당하다. 헌법 제32조에 따른 우선권이 법률에 규정되어 있더라도 헌법적으로 국가가 이러한 보상에 대하여 어떠한 의무를 지고 있는가는 별개의 문제이다.*

헌법적 근거를 살피는 것은 이 의무와 사법심사의 큰 틀을 확인하는 의미가 있다. 여기서 국가유공자에 대한 각종 보상은 헌법적 의무가 아니라는 반대의견도 있지만, 헌법재판소는 헌법 전문의 '우리 대한민국은 3·1운동으로 건립된 대한민국임시정부의 법통과 불의에 항거한 4·19 민주이념을 계승하고', '정의·인도와 동포애로써 민족의 단결을 공고히 하고'라는 부분과 헌법 제32조 제6항을 근거로 포괄적 예우의 규범적 근거를 도출하고 있다.** 위 논거로는 기본권성까지 도출할 수 없기 때문에 희생이 있는 국가유공자에 대한 보상·지원을 위한 국가의 책임이 헌법이 정하는 사회보장의무(헌법 제34조 제2항)에서 도출된다고

---

* 정영훈, 「국가유공자에 대한 보상·지원의 헌법적 근거에 관한 검토」, 『법과 정책연구』16(3): 241-269, 2016, 243쪽.

** 헌법재판소 1995.7.21. 93헌가14 전원재판부결정.

보는 견해가 있다.*

　보훈 관련 법률의 내용을 검토하자면 다음과 같다. 「국가보훈
기본법」은 국가보훈의 기본이념을 대한민국의 오늘은 국가를
위하여 희생하거나 공헌한 분들의 숭고한 정신으로 이룩된 것이
므로 우리와 우리의 후손들이 그 정신을 기억하고 선양하며, 이
를 정신적 토대로 삼아 국민 통합과 국가 발전에 기여하는 것으
로 하고 있다(국가보훈기본법 제2조).

　또한 희생·공헌자를 법에서 열거하는 목적을 위해 특별히 희
생하거나 공헌한 사람으로서 국가보훈관계 법령에서 정하는 적
용대상 요건에 해당하는 사람으로 정하면서, 일제로부터의 조국
의 자주독립, 국가의 수호 또는 안전보장, 대한민국 자유민주주
의의 발전, 국민의 생명 또는 재산의 보호 등 공무 수행의 네 가
지를 열거하고 있다(같은 법 제3조 제1호 각목). 결국 조문을 종합
하여 도출되는 것은 국가체제를 수호하고 국민에 헌신한 사람을
기리고 혜택을 부여하겠다는 규범적 선언이며, 국민정신 고양과
국민통합의 기능까지 함의하고 있다.**

---

*　정영훈. 위의 글, 263쪽.

**　김명수, 「국가보훈제도의 헌법적 고찰」, 『공공사회연구』 6(3), 2016, 131-

헌법이나 법률은 당위에 대한 규범적 근거를 제시하지만 사회 정의를 구현하기 위한 보훈이 추구해야 할 내용에 대한 모든 것을 제공하지 않는다. 헌법은 국가 구성법의 성질과 개방 규범성 때문에 정치적 성격이 강하지만 어느 정도 고정된 틀을 가지므로 역사적 평가나 가치를 완벽하게 담아내기가 어렵기 때문이다. 그렇다면 보훈제도는 법규범뿐만 아니라 구체적인 이념적 지향점에서의 문제가 충돌을 부르는 것이라고 볼 수도 있는데, 관련 내용은 아래에서 검토하려 한다.

(2) 보훈의 이념적 지향성

통계에서도 나타나듯, 보훈대상자 중 가장 큰 비율을 차지하는 것은 참전군인과 중장기제대군인, 전쟁 관련 전몰·전상자들이다. 당시 분단된 남·북간의 체제 경쟁의 결과로 한국전쟁 전후로 실제 무력충돌이 적지 않았으므로, 친일 청산에 나아가거나 독립유공자를 집중적으로 조명할 겨를도 없이 보훈대상자가 누적되도록 만들었다. 단순히 보더라도 국가체제에 위기가 오는

---

163. 135쪽.

상황에서 적극 대응하고 희생된 사람들을 보훈자로 기리지 않는다면 사회적 정의 중 '존경받을 권리'의 실현을 기대할 수 없다. 나아가 국민들에게도 기본적인 애국심과 충성을 기대할 수 없다. 이런 상황에서 현실을 규율하는 법제도가 군과 냉전논리 중심으로 치중된 건 당연한 것이었을지도 모른다. 현행 보훈제도는 많은 변화를 거쳤지만 이 기반 위에서 형성되었기 때문에 이념적 지향성의 문제를 안고 있다는 지적을 받을 수 있다.

한편 이 문제를 보훈대상자 개개인에 초점을 맞추고 보면 다른 평가도 가능하다. 보훈대상자에게는 본인의 기여나 활동 경험과 고통에 대하여 정당화 기제를 부여하고 사회적 지지를 얻어, 외상 후 스트레스 장애(PTSD)를 예방하고 사회에 좀 더 안정적으로 자리잡게 하는 것이 중요하다. 만약 이들이 그대로 방치된 채 여명을 다해 세상을 떠나기만을 기다린다면 국가는 보훈제도를 사실상 폐기하는 것이나 다름없고, 이를 바라보는 다른 국민들도 사회에 대한 신뢰를 잃고 냉소적인 입장에서 민심이 이탈하도록 떠밀리는 상황에 놓이게 된다.

우리나라에서는 아직 연구가 부족하지만, 베트남전쟁 참전 군인들의 PTSD 증상 예측 변인을 다루는 연구에서 높은 전투 노출 경험 외에도 낮은 월수입·복귀 후 낮은 사회적 지지·복귀 후 6개

이상의 스트레스 생활 사건 경험이 PTSD 유병률을 유의미하게 높이는 것으로 밝혀졌다.* 이 연구는 말미에서 베트남전쟁 참전 제대군인이 과거에 비해 사회적 지지를 덜 받고 추가적인 스트 레스 생활 사건을 더 많이 겪었을 가능성을 제시하면서 연구결 과에 어느 정도 제한이 있으므로 추가 연구가 필요하다는 관점을 밝히고 있다.** 그 외에도 특수임무유공자 등 다른 보훈대상자 들도 심각하게 취약한 상황에 놓여 있다는 연구가 있다.*** 이렇게 실제로 나타나는 상황들에 대응하기 위해, 보훈대상자에 대한 정 당화 기제 부여와 사회적 지지는 '국민통합'까지는 목적으로 하 지 않더라도, 국민 개인에 대한 인간다운 대우와 존엄의 유지라 는 차원에서 가볍게 여기거나 내려놓을 수 있는 요소가 아니다.

이 두 시각을 종합하면 보훈대상자에 대한 대우를 이념적 지 향성 문제로 쉽게 판단하기는 어려우며, 당분간은 보훈대상자

---

* 강성록·김세훈·이현엽, 「베트남전 참전 제대군인의 외상후 스트레스 장애 증상에 대한 예측 변인」, 『한국심리학회지 : 임상』 33(1), 2014, 35-50, 42-43 쪽 참조.

** 강성록·김세훈·이현엽. 위의 글, 46쪽 참조.

*** 관련 연구로 이종환·장문선·김태열, 「특수임무수행자의 심리적 특성과 외 상 후 스트레스 증상에 관한 연구: 월남전 참전군인, 일반인과의 비교」, 『재 활심리연구』 23(1), 2016, 1-20 참조.

중 높은 비율을 차지하는 군 관련 유공자들 중심으로 운용되는 문제를 안고 갈 수밖에 없을지도 모른다. 문제가 되는 건 이들이 곧 보훈대상자로 치부되어 독립유공자 등 나머지 분야에서의 보훈대상자들에 대한 사회적 지지가 취약해지는 것, 그리고 국가주의만이 과도하게 강조되면서 기여한 보훈대상자 개인이 희석되고 도구적 존재가 되어 버리는 것이다.

원칙적으로만 본다면 보훈제도는 어디까지나 보훈의 개념과 취지에 맞게 운영되어야 하고, 입법 목적을 크게 달리하는데도 불구하고 부족한 제대군인에 대한 혜택을 보충하는 방향으로 전용되어선 안 된다. 그러나 제대군인에 대한 지원이나 혜택이 충분하지 않고 박탈감이 강하게 배어 있는 현재 상황에서 이 문제를 한정적인 시각으로만 해석하기에는 무리가 있다.

결국 보훈에서 주요 쟁점은 어떤 것이 가장 사리에 맞고 적절한 보상과 예우가 될 것인가의 문제가 될 것이다. 보훈대상자 선정 문제에 대해 좀 더 구체적으로 제도 운용에 관한 사항으로 좁혀나가면, 어떤 것을 그리고 누구를 보훈으로 기려야 할 것이냐는 문제로 봉착하게 된다. 이 문제는 개별적으로는 보훈대상자 판정의 영역이라 할 수 있다. 상이 등으로 비교적 쉽게 나타나는 희생 요건과 달리 공헌 요건은 역사적 사실에 대한 가치판단의 영역이다.*

최종적으로 이 문제는 역사적 평가의 변화, 그리고 대한민국 사회가 마주하는 상황에 따라 서서히 변해갈 것으로 보인다. 이러한 관점에서 보자면, 보훈대상자들은 시대의 격랑에 휘말린 사람들일지도 모른다.

(3) 보훈대상자에 대한 혜택의 실효성 미비

보훈제도는 혜택 때문에 사회복지와 보상 측면이 두드러지고, 우리나라에서는 처음 사회적인 혜택이 부족하고 빈약하였던 시절에 최초로 도입된 '외견적 사회정책'으로서의 의미를 가진다.** 따라서 어느 정도 우월적인 법적 지위를 가지지만, 혜택이 미비할 때는 수혜를 받는 보훈대상자는 만족하지 못하면서도 다른 사람들에게도 좋지 않은 시선을 받을 가능성도 있는, 여러 모로 곤란한 상황에 처하게 된다. 따라서 보훈대상자에게 부여되는 혜택은 실효성 있는 것이어야 하며, 최근의 가장 큰 이슈는 대상

---

* 그러나 자살한 군인 등 정책 사각지대를 없애기 위해 공헌 요건을 타파해야 한다는 견해도 있다(김명수. 위의 글, 153-154쪽).

** 오진영,「한국 사회 국가유공자 담론의 활성화 요인에 관한 질적 연구」,『비판사회정책(상황과 복지)』0(23), 2007, 165-209, 199쪽.

자들의 고령화 경향과 정신적인 괴로움이라고 볼 수 있다.

고령화 경향은 법의 개정을 통해 부지런히 개선해 나가고 있으나, 정신적 피해에 대한 지원과 보상은 아직 적극적으로 대응하지 못하고 있다. 정신·심리질환의 경우 보훈심사위원회의 요건심사 및 신체검사를 통해 인정을 받은 사례가 매우 드물고, 어렵게 인정을 받더라도 일반 국가유공자보다 혜택이 부족하므로 이 부분에서 지원 범위를 확대하여 의료·복지·보상 등 전반적인 지원을 확대하는 방안이 필요하다.*

(4) 혼란스러운 규정 체계와 까다로운 인정 절차

보훈제도는 제대로 정리되지 못한 채 개별 단행법에 흩어져 있다. 국가보훈처에서 전부 소관하고 있지만 동일한 체계의 개별 법령이 흩어진 채로 중복 규정되거나 서로 따로 발의되는 등 법체계상 매우 산만하다. 또한 개별 법령마다 하위규범이 따라오므로 제도 정비 과정에서도 한 번에 국무회의에 같

---

* 김태열·장문선, 「국가유공자 선진의료 구축방안 - 국가유공자 심리적 특성 및 외상후스트레스장애 연구」, 『한국보훈학회 학술대회지』 0(2015), 2015, 1-22, 19쪽.

은 내용의 안건을 여러 건 상정해야 하는 불편함도 있다. 「국가보훈기본법」과 「국가유공자 등 예우 및 지원에 관한 법률」이 기본법 역할을 하고 있지만 수범자에 대한 이해를 돕지 못하는 측면이 있다.

보훈심사 절차 역시 행정절차 단계에서 너무 오래 머무르는 것으로 보인다. 조사 후 심의위원회의 의결을 거쳐 행정청의 처분을 거치는 구조인데, 신체검사에 3개월이 걸리는 등 1년 이상의 시간이 소요되는 것으로 알려져 있다. 현실적으로 '의증' 등을 주장하거나 인과관계가 희박한 경우 요건 확정이 어렵기 때문이지만 어느 정도 유연한 구성이 필요하다.

행정심판의 재결이나 법원의 확정 판결이 있는 등 대통령령으로 정하는 사유가 있는 때에는 서면검사로 대체할 수 있지만(「국가유공자 등 예우 및 지원에 관한 법률」제6조의3 제1항, 같은 법 시행령 제13조), 위원회 심사를 거치는 절차 외에도 좀 더 간소하게 할 수 있는 '패스트 트랙'이 도입되면 좋을 것으로 보인다. 실무 운영상으로는 업무 부담 때문에라도 어느 정도 간소하게 운영할 것으로 예상되지만, 진상규명위원회 등 권한 있는 조사기관에서 밝혀낸 사실을 이유로 한 신청은 간소한 절차를 밟을 수 있는 등으로 명문화하는 것이 필요하지 않을까 싶다. 행정절차 또한 기관

의 권한을 규정하므로 법률로 유보해야 하는 사항이며, 앞으로
보훈대상자는 개별적으로 확인되기보다도 새로운 사례군이 발
견·조명되면서 일시적인 대규모 심사가 이뤄지는 경우를 대비
해야 하기 때문이다.

3. 정의 구현을 위한 보훈제도의 개선 방안

1) 정의 구현을 위한 보훈제도의 개선 방안

(1) 법제 측면

① 개별 보훈법령의 통합 필요성

앞서 본 바와 같이, 역사적 평가에 따라 보훈대상 분야가 새롭
게 발견되면서 특별법이 늘어나고 있다. 이들은 대부분 국가보
훈처가 소관하는 개별 단행법령으로 규정하고 있다. 이들 법령
은 대상자를 달리하고 부여되는 혜택의 정도에 차이가 있을 뿐,
큰 틀에서는 대동소이하다. 대상자와 수익자 요건과 단체설립의
근거를 마련하고, 보훈급여나 보상금 외에 취업·의료·교육·대

출 등에서 지원을 받는 내용을 정하고 있는 점은 같으므로 개별 법령 간 공통요소가 상당히 많다고 볼 수 있다. 먼저 제정된「국가유공자 등 예우 지원에 관한 법률」을 준용하는 방식으로 동일 혜택을 규정하는 경우도 많다(「독립유공자예우에 관한 법률」제15조 제3항, 제18조 제3항, 「특수임무유공자 예우 및 단체설립에 관한 법률」제33조 제6항, 제39조 제2호 등).

이제는 통일적이고 효율적인 관리와 규율을 위해 보훈 관련 법제를 통합할 필요가 있다고 본다. 하나의 법령에「국가보훈기본법」과 다른 법령을 통합하여,「국가보훈기본법」은 기본법 취지에 맞게 총칙의 역할과 위치로 배치하고, 또 다른 기본법 역할을 한「국가유공자 등 예우 지원에 관한 법률」의 내용도 일부를 총칙적 규정에 배치하여 체계를 세우는 것이다. 나머지 보훈대상자 유형은 각칙에 해당하게 되므로 개별 장(章)을 두어 기존 개별 법령의 내용을 옮겨 규정하면 된다. 이 경우 체계적인 규율을 확보하는 외에도, 개정에서도 신중을 기하면서 체계적인 운영을 기대할 수 있다.

② 헌법 제29조 제2항의 폐지
종래「국가유공자법」에 의한 보상액은 국가배상액에 훨씬

미치지 못하는 심각한 문제가 있었고, 군복무 등 국가에 헌신을 하다 희생당한 군인 등을 국가배상으로부터 배제시키고 그보다 급여 수준이 훨씬 못 미치는 「국가유공자법」에 의한 보상만을 받도록 강요하는 것은 어떠한 명분에 의하여도 정당화될 수 없다.[*]

이는 인간을 언제든 손쉽게 동원하고 내버릴 수 있는 도구적 존재로 보는 시각이 반영된 것으로, 우리가 정의로서 추구하고자 하는 '인간의 존엄성'을 해하는 방법이기 때문이다. 이런 시각으로 헌법에서 배상을 금지해 버리면서 국가유공자 제도를 실질적으로 국가배상에 갈음하는 제도로 전용하여 운영하는 경향이 발생해 버렸고, 과도하거나 무리한 신청으로 기각되고, 뒤따르는 소송과 사법 불신만 불러오는 상황이 발생하고 있다.

결국, 전상군경의 국가유공자 문제는 심리적인 것도 있지만 보상이 제대로 이뤄지지 않은, 특히 특정 정권에서 보상이 더 인색했던 사정에서 비롯된 점도 있다. 박정희 정권 때 베트남 파병

---

[*] 정하중, 「국가배상을 받은 군인이 추가로 국가유공자 보상금을 받을 수 있는지 여부 - 대법원 2017. 2. 3. 선고 2014두40012 판결 -」, 『법조』 67(1), 2018, 623-643, 630쪽.

에 대한 배상을 피하고자 교전 중 사망을 공무 중 사망으로 보고 36개월치 봉급으로 보상금액을 제한한 것이 그 예이다.* 이 규정은 참여정부 때에야 개정되었는데, 이 또한 기존 헌법의 한계는 넘을 수 없는 우회적인 수단이었다.

천안함 피격 후 국민적이 추모와 함께 성금을 모아 보내거나, 각 지방 보훈청에 기업들이 국가유공자 및 유족을 위한 성금을 기탁하는 등, 몇몇 사건에서는 국민성금이나 기업성금을 전달하기도 하지만 모든 사건에서 성금을 기대하는 것은 힘들다. 최근에도 각 지방에서 국민성금을 통해 국가유공자 '명패' 달아주기 운동이 진행되고 있지만 이 또한 지속적인 지원이 될 수 없다.

이제는, 국가유공자 그리고 국가를 위해 직무를 수행하다 손해를 입었다는 두 요건에 대해 엄격하게 법적 근거와 요건을 달리하는 작업이 필요하다. 또한 현실적이고 실질적인 보상문제를 해결하기 위해 군인·군무원·경찰공무원 기타 법률이 정하는 자가 전투·훈련 등 직무집행과 관련하여 받은 손해에 대하여는 법

---

* 천안함 사건과 관련하여서도 이 보상금액 문제가 다시 고개를 들었다. 김동환,「천안함 실종 병사 사망시 보상금, 민간인의 1/6?」,『오마이뉴스』 2020년 4월 12일.

률이 정하는 보상 외에 국가 또는 공공단체에 공무원의 직무상 불법행위로 인한 배상은 청구할 수 없다는 헌법 제29조 제2항은 반드시 개정하거나 삭제해야 할 것으로 보인다.

(2) 정의 구현을 위한 보훈제도의 운용

① 자료·기록 보존과 행정의 정밀화

보훈은 과거의 사실을 되새기는 것이기 때문에 과거의 사실에 대한 인정과 추적이 중요하며, 많은 것은 구체화를 위한 세부사항이나 증명에서 좌우된다. 소송 실무상 문제점을 통해 본 바와 같이 사실조회 대상이 되는 것은 결국 기록들이고, 행정관리의 영역이다. 그뿐만 아니라 갈수록 사라져 갈 기억들 때문에라도 소송 절차 외에서의 증거보전 역할을 해 줄 수 있는 당사자 등 관계인의 상황 진술 채록도 매우 중요하다. 여기에는 긍정적 전망과 부정적 전망이 뒤섞여 있다. 전자정부 시스템이 한층 발전하여 기록 보존의 물리적 한계를 극복할 수 있다는 점은 긍정적이다. 그러나 진술을 해 줄 수 있는 사람들이 점점 늙어 가고 기억을 잃어 가는 점은 부정적인 요소라 할 수 있다.

보훈에서 추구해야 할 사회정의 중 하나는 '존경받을 권리'라

할 것이다. 국가를 위해 봉사한 자들을 위해 국가기록원 등이 주도하여 주요 사건에 대한 진술 채록을 확보하여 사건 정황에 대한 최소한의 공적 기록을 시급히 확보하여야 한다. 이 내용은 향후 심사에서 당사자가 제출하거나, 국가보훈처와 공유 또는 문서송부촉탁을 받는 등으로 기본적인 심사에 도움을 줄 수 있게 하면 된다.

그 외에도 당연히 기존 자료와 기록의 보존이 필요하다. 인사기록·수용·기소·판결 등 사건에 관계된 기록들의 보존이 중요하며, 전자소송화 경향이 어느 정도 도움을 줄 수 있을 것으로 보인다. 일본의 형사확정소송기록법과 같은 기록보존 법제를 도입하는 것도 큰 도움이 될 것이다.

② 향후 보훈대상자 변화 추이에 따른 재편성·재조명

앞서 통계를 통해 본 바와 같이, 보훈대상자 구도는 크게 바뀔 것으로 예상되고, 대한민국 사회에 다른 큰 변화가 발생하더라도 지금과 같은 구도가 유지되기는 어려울 것으로 보인다. 보훈제도는 과거의 사실을 확인하고 기념하여 미래에 추구하여야 할 가치를 확보하는 미래지향적인 역할을 한다. 따라서 완벽한 예측은 불가능하더라도 최소한 변화가 예상되는 추이에 따른 재편성과 재조명이 이뤄져야 할 것으로 보인다. 구체적인 방향은 다음과 같다.

가. 현행 보훈대상자의 변화 추세에 따른 대비

현재 고령인 보훈대상자가 늘어나고 있고, 역사적 평가나 새로운 사실의 발견으로 뒤늦게 보훈대상자로 지정되는 일도 있으므로 앞으로도 계속되는 이 추세를 대비하여야 할 것으로 보인다. 보훈제도의 1차적 기능인 물질적 지원을 통한 생활보장을 통해 빈곤으로부터 사람을 보호하고 나아가 빈곤에서 탈출하도록 하는 체제의 구축이 미래에 대한 대비와 변화의 대상이 된다.

가장 시급한 것은 돌봄의 영역이다. 다행히 2019년 법 개정으로 보훈재가복지서비스라는 이름의 가사활동, 건강관리 및 정서활동 등을 지원할 수 있는 법적 근거가 마련되었다(「국가유공자 등 예우 및 지원에 관한 법률」 제63조의3 등). 이에 따라 2008년부터 운영되던 「국가보훈대상자 노후복지서비스 규정」(2020.2.28. 국가보훈처훈령 제1301호로 개정된 것) 역시 강화되었다. 이제는 단순히 빈곤한 보훈대상자를 돌본다는 접근에서 벗어나 빈곤을 예방하고 빈곤에서 벗어나게 하는 정의로운 보훈체제 구축이 필요할 것으로 보인다.

두 번째는 정신적 영역이다. 우리나라에서 정신적 영역에 대한 이해도는 아직 부족하고, 피해에 비해 이해와 연구 모두 갈길이 멀다. 특히나 노령화에 따라 보훈대상자들은 약화되는 길을 걷고 있으므로 성년후견 등의 지원이 필수적이라고 할 것이다. 따라서 공공후견서비스 제공이 매우 중요한데, 보훈대상자 지위를 인정받으면 개인별 편차는 있지만 여러 보훈급여를 수급할 수 있는 권리를 취득하므로 재산상의 분쟁과 신상 결정에 관한 문제가 있기 때문이다. 이 부분에서 소관 부처 및 법원과 긴밀하게 협력하여 대비하여야 한다.

위 문제들을 해결하기 위해서는 예산 확보가 필수적일 것이다. 고령화로 인해 전체 보훈대상자 수가 줄어들고 있지만 개개인에 대한 지출액은 늘어나고 있어 전체 예결산 규모도 늘어나는 추세이며,* 다른 대비책을 뒷받침하기 위한 것이기 때문이다. 현재 정부의 기조도 100대 국정과제를 통해 보훈급여로 지급되는 보상금과 수당 등의 지속적인 인상을 검토하고 있다.

따라서 사업 면에서는 의료처우와 돌봄 처우를 강화하고, 예

---

* 김형석·신화연·이영자·이용재. 위의 글, 14쪽. 구체적인 금액에 관하여도 14쪽 이하를 참조하라.

산 면에서는 조세수입 중 보훈대상자에 지급할 급여를 위한 교부금을 체계적으로 확보하는 장기적인 조치를 통해 정의의 실현이 필요하다.

나. 기념사업 등 정책의 다양화

사회정의적 측면에서 보훈대상자들에 대한 '존경받을 권리'를 상기할 때, 자긍심을 고취케 하는 기념과 예우는 매우 중요하다. 무엇보다 보훈대상자들은 국가나 사회에 대한 다양한 경험과 자기만의 철학을 가지고 있어 후배 세대에게 귀감이 될 수 있다는 점에서 그들의 '존경받을 권리'는 부각될 필요가 있다.

그들에 대한 존중과 예우가 없다면 오히려 특정 선정 선동에 손쉽게 노출되어 동원되거나 휘둘리는 유혹을 받을 수도 있다. 이런 점에서 국가유공자에게 품위 유지 의무를 부과하는 규정(국가유공자 등 예우 및 지원에 관한 법률 제10조)의 수범자는 국가유공자뿐만이 아니라고 볼 수 있다. 국가 역시 품위를 유지할 수 있도록 적극적인 노력을 기울여야 한다.

이렇게 국가유공자의 품위를 유지하고 기념하기 위해 대대적으로 알리는 방법에는 국가가 국민들을 찾아가며 홍보하는 방법과, 국민 스스로가 기념을 위해 찾아오는 두 가지가 있다. 찾아가며 홍보하는 방식도 중요하지만 일반 국민들 스스로가 관심을 가지고 기념 행위를 위해 자발적으로 찾아오게 하는 방안이 필요하다. 왜냐하면 국민들이 찾아오는 경우, 국민들이 국가유공과 보훈에 대해 스스로 관심과 흥미를 가지고 오는 것이므로 참여도 및 공감과 보훈에 대한 이해도 더 높아지게 되기 때문이다.

초창기 보훈제도는 보훈대상자의 생활보장을 위해 물질적 지원을 확보하는 것도 힘겨웠지만 이제는 그 단계는 지난 것으로 보인다. 상징적 보훈사업의 영역에서는 좀 더 다채로운 생각과 발상 전환이 요구된다. 국가정체성은 보훈정책만으로 확립되는 것이 아니기 때문에 시민의 참여나 자발적인 의지가 중요하고,* 국가가 보훈 영역을 독점하거나 주도하게 된다면, 논리적 모순일 뿐만 아니라, 현실적으로는 국가가 특정한 상징을 조작 및 왜곡하는 결과로 나타날 수도 있다.**

이렇게 되면 오히려 이념적 편향성 문제를 불러일으키고 보훈대상자들에 대한 인식마저 나빠지는 등 '억지 보훈'의 역효과를

---

* 오일환, 「국가보훈과 국가정체성」, 『민족사상』5(1), 2011, 47-79, 61쪽 참조.
** 김연식, 「다원적 민주주의 사회에 국가정체성과 보훈」 『제9회 2007년 학술논문공모 당선작 보훈학술논문집』 서울: 국가보훈처, 2007, 58쪽(오일환. 위의 글, 61쪽에서 재인용).

불러온다. 다행히 한국 청년층에서의 보훈행사 적정성에 대한 인식은 심각하지 않다는 점에서 긍정적으로 풀어 갈 수 있는 가능성이 크다.[*] 이러한 상황을 이용하여 적극적으로 행사나 참여 방법 등을 공모받고, 현재 유행하는 각종 콘텐츠를 활용하는 등의 방법으로 '보훈'에 대해 접근하고 알리는 것 또한 필요하다.

이를 뒷받침하기 위해서는 보훈공단의 역량 강화도 필요하다. 단순한 행사나 번거로운 의전의 준비라는 차원을 넘어 예우와 기념의 새로운 방향을 고민하고 역사상 위인으로 남아 있는 인물들에 대한 보훈처우와 그 영향력, 시민들의 인식을 철저하게 분석하고 역사학·정치학·사회학 등 다른 분야와 협업하여 청사진을 이끌어내는 연구가 필요하다.

다. 새로운 사건에서의 발굴 필요

지금까지 한반도 분단으로 인해 역사 속에 묻혀 왔던 사건들에 대한 재평가를 통해 그동안 주목받지 못했던 이들이 보훈대상자로 선정될 수 있도록 하는 발굴 작업이 필요하다. 보훈대상

---

[*] 구체적인 결과는 신은숙, 「대학생들의 국가유공자에 대한 보훈 관련 인식도 연구」, 『한국보훈논총』 18(3), 2019, 59-83, 70쪽 참조.

자가 되는 요건은 역사적 평가를 수반하므로, 그 평가가 달라지거나 재조명하게 되면 적용 대상자들이 늘어날 수 있다.

이 문제는 극한의 이념적 갈등을 부를 가능성이 있으므로, 추구하는 정의의 방향에 좌우될 것으로 보인다. 이때 중요하게 봐야 할 것은 몇몇 사건을 선택적·대립구도로 가져가지 않는 것이다. 'A사건은 폭도이고 B사건 관련자들이야말로 진짜 국가유공자'와 같은 구도는 보훈제도의 목적 달성을 저해하는 대립구도에 불과하기 때문에 '인간의 존엄성' 및 '존경받을 권리'에 기초하여 '포용적 보훈정책'의 태도를 견지하는 것이 필요하다.

대표적인 상황이 일제강점기의 독립운동과 남북분단기의 체제수호 활동 사이에 충돌이 있는 경우, 후자의 사유로 전자의 행위에 대한 평가를 유보하거나 부인할 수 있느냐 하는 것이다. 이때 남북분단이 민족공동체 구성에 관한 고민에서 외세 이데올로기에 의해 어느 한쪽의 선택을 강요받은 측면이 강하다는 점을 고려하여야 한다.* 과거 20세기의 냉전적 환경에서 외세 이데올로기에 따라 어쩔 수 없이 남과 북 중 어느 쪽을 선택할

---

* 이헌환, 「전환기의 보훈정책 - 국가정체성의 재정립을 위한 시론」, 『공법연구』 47(4), 2019, 117-141, 137쪽.

수밖에 없었다고 한다면, 이제 민족 내부에서 자율적이고 주체적으로 남북한을 아우르는 통합적 관점에서 이들의 행위를 재평가할 필요가 있다.*

4. 결론

2020년은 한국전쟁 발발 70주년이며, 남북 6.15공동선언의 20주년이지만 남북관계의 개선은 요원해 보인다. 기존 70년여의 남북관계는 국가안보의 패러다임을 위주로 하여 국가안보를 유일 목표로 하고 군사안보를 주요 수단으로 활용해 왔다. 남한의 국가안보에 대한 결과물 중 하나가 보훈제도라 할 수 있다. 최근 전 세계적으로는 '코로나 팬데믹'이나 '기후 변화' 등을 계기로 국가안보보다는 인간안보를 주목하고 있으며, 이러한 추세에 맞추어 새로운 보훈제도도 탈이념적인 패러다임을 바탕으로 한반도 보훈의 미래를 설계해야 할 때이다.

---

* 이헌환. 위의 글, 137쪽.

이러한 패러다임의 전환과 함께 새로운 보훈제도의 구상을 위해 먼저, 남과 북의 이념대립, 체제대립으로 인해 그동안 역사 속에 묻혀 왔던 사람들에 대한 새로운 평가가 필요할 것으로 보인다. 남북한의 대립으로 인해 제대로 된 역사적 평가를 받지 못한 국가유공자들이 보훈대상자로 선정될 수 있도록 해야 한다. 보훈대상자가 되는 요건은 역사적 평가를 수반하므로, 그 평가가 달라지거나 재조명되면서 대상자들이 늘어날 수 있다. 특히 재조명 되어야 할 보훈 대상자들은 다양한 역사적 평가에 따라 대상자로서의 지정 범위가 달라질 것이다.

물론, 북한과의 대립을 바탕으로 기존 선정 유공자에 대한 재해석 문제와 함께 인간을 중심으로 하는 안보 패러다임에 기반한다면, 대상자의 확대로 인한 예산 부담의 문제가 거론될 수 있다. 하지만 기존의 냉전시대 안보 패러다임을 바탕으로 발전한 국가안보 패러다임은 '국가'라는 이름 아래 일반 국민의 삶을 위협해 온 만큼, 차후 발전된 남북관계를 기반으로 한 보훈의 상은 '대중 중심의 접근'을 바탕으로 달라져야 한다. 결국 인간안보 중심의 패러다임을 반영하여 보훈대상자의 추가 선정이 이루어져야 할 것이다.

다만, 새로운 보훈제도의 개편은 추구하는 정의의 방향에 따라 범위가 달라질 것이다. 여기에서 추구해야 할 사회적 정의에 기반한 기본 방향은 '인간의 존엄성'과 국가를 위해 헌신한 사람이 가지는 '존경받을 권리'라 할 것이다. 사회정의는 냉전의 종식과 함께 억제되어 온 비전통적 안보문제들을 해결하는 안보정책에 대한 기반으로서 유의미하다. 또한 이러한 사회적 정의에 기반한 보훈제도의 개편은 기존 국가중심의, 위로부터의 접근에서 '아래로부터의 접근'을 개선하는 대안적인 접근이 될 수 있다. 또한 기존의 국가안보에 따른 보훈제도를 보완하고, 인간개발을 강화하며, 인권을 향상시킬 수 있다는 점에서* 우리에게 주는 함의가 크다.

---

* Commission on Human Security. 2003. Human Security Now: Final Report. New York: CHS, p. 2.

보훈법의 범주와
새로운 도전 *

이 재 승_ 건국대법학전문대학원 교수

* 이 글에서 제시된 견해의 상당수는 2018년 보훈처 산하에 설치된 국민중심 보훈혁신위원회에서 논의된 내용들을 기반으로 한다. 이 글에서 제시된 견해의 상당수는 2018년 보훈처 산하에 설치된 국민중심 보훈혁신위원회에서 논의된 내용들을 기반으로 한다.

1. 국가유공자

죽은 자에게 명예를 부여하거나 박탈하는 일은 모든 사회가 자신의 정신적 경계를 획정하기 위해 벌이는 고유한 투쟁이다. 매우 단출한 역사를 가졌든 장구한 역사를 가졌든 모든 사회는 한결같이 죽은 자를 둘러싼 재평가 논쟁에서 자유롭지 못하다. 그래서 보훈 사안은 특정한 실정법의 단순한 적용 문제라기보다는 원리적 성찰을 요구하는 국가철학의 실제 사례들이다. 특정한 인물이나 그 행적에 대한 평가는 한 인간의 죽음으로 서둘러 봉합되는 것이 아니라 죽음을 통해서 본격적으로 시작된다. 보훈의 영역은 레테(망각의 여신)가 아니라 므네모시네(기억의 여신)의 관할이다. 인물에 대한 평가는 역사의 변화 속에서 가치의 시세변동에 복종하기 때문에 수시로 예민한 정치적 쟁점으로 부상한다. 보훈 사안이 개인적인 급료의 추가 계산 정도가 아니라 공동체의 성원들과 미래세대를 위한 귀감을 만들고자 하기 때문에 그 논쟁은 격렬해지기 마련이다. 이러한 평가도 당연히 당대의 지배적인 도의관념이나 헌법의 정신에 부합해야 한다. 그러나 보훈의 범주와 재평가는 현대 민주주의나 공화주의의 열린 시각을 유지하면서 정치적 다양성을 수용해야 한다. 따라서 보훈 사안은 한 개인의 생애적 지평을 넘어 세기의 잣대까지 요구한다. 보훈법이 정치 생활을 규격화하려고 시도한다면 이제 역사의 과잉법제화를 우려해야 한다. 그러나 현대적 민주사회에 적합한 보훈 기준을 확립하고 혁신하는 작업은 국가 활동의 상징적 부분으로서 가장 중요하다.

동서고금을 막론하고 전사한 군인과 유가족에 대한 예우는 중요한 정치적 과제이다. 국가를 위해 희생한 사람들에 대해서 특별한 보호와 지원을 위한 보훈제도들은 어디에서나 존재한다. 투키디데스가 전하는 『펠로폰네소스 전쟁사』에 따르면 페리클레스는 그 유명한 장례식 연설에서 한껏 전사자의 덕을 칭송하고 민주주의의 아테네를 예찬한 후 유가족들에게 생활보장을 공약한다. 스파르타는 시민들에게 국유지의 몫(kleros)을 할당하는 방식으로 군사적 직분에 대한 훌륭한 보상체계를 마련하였다. 국가공동체를 위해 특별한 희생자와 그 유가족들에게 각자 알아서 살아가도록 방치한다면 누구도 공동체를 위해 희생하지 않을 것이다. 보훈제도는 국부의 수준에 연동될 수밖에 없지만 공동체나 국가의 존립 조건이다. 고려나 조선의 기록에서도 전사한 군인들의 유족에게 부역이나 세금을 감면해 주는 제도를 확인할 수 있다.[*]

현재 보훈법제에서 국가유공자라는 개념은 중추적인 역할을 수행한다. 우리나라의 법제에서 유공자라는 용어는 일반화되어 있다. 국가유공자, 독립유공자, 참전유공자, 특수임무유공자, 국가보안유공자, 과학기술유공자, 5.18민주유공자 등 다수의 법률에서도 유공자 개념이 사용되고 있다. 이러한 유공자들의 다수는 협의의 보훈법제의 주제와 결부된다. 과거에는 원호대상자라는 용어가 일반적으로 사용되었다. 원호대상자 관념은 희생과 배려에 관한 가부장제를 연상시키지만 국가유공자 관념은 희생자에 대한 적극적 평가와 강한 자부심을 함축한다. 이와 같이 고양된 국가유공자 제도는 다양한 희생자들과 그 유족들에게 인정의 열망을 동기화한다. 국가유공자로서의 경제적 보상이 다

---

[*] 임용한, 「조선전기 군사상자에 대한 보상제도 연구-복호제를 중심으로-」, 『군사』 80호, 2011.9, 67-93쪽.

른 보훈법제나 보상법제보다 빼어난 것이어서 이러한 상황은 가속화된다. 국가는 이러한 상황을 완화시키기 위해 국가유공자와 다른 변칙적인 유형을 도입하여 다수의 순직자를 유공자에서 배제함으로써 또 다시 희생자와 유족들의 원성을 자초한다. 한편, 국가유공자들(전사자들)의 유족들은 다른 순직자, 예컨대 순직으로 인정된 자해사망자의 유족들과 차별화하고자 한다. 이렇듯 국가유공자 관념은 순직이나 공무관련성이라는 보편적 기준마저 흔들어 놓는다.

근본적으로는 국가유공자라는 개념이 현대 다원주의적인 민주사회에 적합한 것인가? 보통사람들은 사회 속에서 자신의 직분을 성실히 수행함으로써 공동체의 유지와 발전에 모두 기여하고 있으며, 또한 통상 그렇게 생각하기 때문에 보통사람들의 삶이나 죽음과 다른 종류의 삶이나 죽음을 상정하고 있는 「국가유공자법」에 위화감을 느끼기도 한다. 또한 보통사람들은 자신이 죽은 후 자신의 가족들이 향유하게 될 공적 연금이나 보상제도와 유공자들의 그것과 견주어 그 수준의 적정성에 대해 의문을 품기도 한다. 독일이나 미국의 보훈법제에서는 국가유공자와 같은 개념을 찾을 수 없다. 이들 나라의 법제는 공무수행과 관련된 희생에 대해 합당한 보상을 시행하고자할 뿐 우리나라처럼 국가유공자와 같은 고도의 보상 범주를 설정하거나 다시 제약하고 배제하려는 의도에서 변칙적인 하위 범주를 만들지도 않는다. 대부분의 국가들은 상훈법에 따라 특정한 공훈자에게 훈장과 영예를 부여함으로써 경제적 보상 문제와 다른 경로로 영예수여의 문제를 해결한다. 그런 점에서 보자면 국가유공자라는 명예를 부여하면서 고도의 경제적 보상을 시행하는 우리나라 법제는 상당히 이례적이다.

국가유공자 관념은 신분제 사회의 잔재가 아닐까 생각한다. 과거의 신분제 사회나 신분제적 명예를 존중하는 사회는 특권적인 유공자 관념을 가졌다. 우리의 역사에서도 신왕조의 출현 과정이나 반정과 전란에서 공훈을 세운 인물들에게 공신의 지위와 거대한 식읍을 제공하는 사례를 쉽게 찾을 수 있다. 아마도 「국가유공자법」은 본질상 사회보장제에 유가적인 명예 중시 전통과 국가적 인정에 대한 열망을 입혀 놓은 제도라고 여겨진다.[*] 다소 특권적이고 신분제적인 유공자 관념을 민주적이고 현대적인 성향으로 순치해야 할 필요가 있다. 우리의 헌법도 훈장과 영

---

[*] 이재승, 「묘지의 정치」, 『통일인문학』 68호, 2016, 257-296쪽.

예의 수여와 관련해서 이러한 영예부여가 특권적인 신분을 창설하지 못한다고 명시하고 있다. 따라서 공무와 관련한 희생에 대한 보상을 중심으로 보훈법제를 적절하게 재구성하고 일반시민과 유공자 사이에서, 나아가 국가와 공동체를 위한 다양한 희생자들 사이에서 형평에 맞는 책임 제도를 설계하는 것은 매우 중요한 과제로 등장하였다.

2. 보훈법제와 보훈대상

1) 보훈법제와 보훈기구의 탄생

1948년 헌법 전문은 "유구한 역사와 전통에 빛나는 우리들 대한국민은 기미 삼일운동으로 대한민국을 건립하여 세계에 선포한 위대한 독립정신을 계승하여…"라고 밝히고, 1987년 현행 헌법 전문은 "유구한 역사와 전통에 빛나는 우리 대한국민은 3·1운동으로 건립된 대한민국임시정부의 법통과 불의에 항거한 4·19민주이념을 계승하고…"라고 천명하고 있다. 헌법은 3.1운동, 상해임시정부의 법통, 독립정신, 4.19의거 등을 대한민국의 역사적 정치적 정통성의 기반으로 밝힘으로써 보훈의 대상을 역사적으로 제시하고 있다고 볼 수 있다. 헌법 개별 규정의 차원에서 보자면 1948년 헌법에서 "훈장 등의 영전은 이를 받은 자에게만 효력이 있고, 어떠한 특권도 이에 따르지 아니한다(제8조 제3항)."는 규정을 도입하였고, 1972년 헌법에서 "군인·군속·경찰공무원 기타 법률로 정한 자가 전투·훈련 등 직무집행과 관련하여 받은 손해에 대하여는 법률이 정한 보상 이외에 국가나 공공단체에 공무원의 직무상 불법행위로 인한 배상은 청구할 수 없다.(제26조 제2항)"고 함으로써 도리어 보훈의 원리에 역행하는 듯한 규정을 도입하였다. 1980년 헌법은 "국가유공자·상이군경 및 전몰군경의 유가족은 법률이 정하는 바에 의하여 우선적으로 근로의 기회를 부여받는다.(제30조 제5항)"고 함으로써 보훈 조치의 일단을 구체화하고 있다. 이러한 헌법 규정은 1987년 현행 헌법에 그대로 남아 있다. 이러한 헌법 규정 이외에 우리나라는 다양한 보훈법제를 일찍이 마련하였다.

미국 보훈부(U.S. Department of Veterans Affairs)는 문자 그대로 제대군인(veterans)의 문제를 다루는 부서이다. 우리나라 국가보훈처의 영문명칭은 Ministry of Patriots'and Veterans' Affairs로 표기함으로써 제대군인뿐만 아니라 애국자의 처우까지 다루는 부서임을 알려준다. 여기서 애국지사는 독립유공자를 가리키기 때문에 한국의 보훈 개념은 태생적으로 한국 현대사의 역사적 굴곡을 반영하고 있다. 실제로 우리나라에서 독자적인 보훈법제는 1950년대에 다수 등장하였다. 이 절에서는 보훈법제와 보훈기구의 변화상을, 주요한 법률을 중심으로 소략하게 다루어보겠다. 한국 군대의 창설과 여순사건을 거치면서 「군사원호법(법률 제127호)」은 1950년 6월 1일에, 「경찰원호법(법률 제402호)」은 1951년 6월 1일에 각각 시행되었다. 경찰원호법은 전투 행위로 인한 상이 또는 사망자와 그 유족을 위한 법이다. 처음에 상이군인과 경찰에 대한 취직 지원과 복지 등의 원호 업무는 사회부와 보건사회부의 원호국이 관장하고, 현역 군인의 원호 업무는 국군사령부 원호과, 내무국 원호과, 국방부 원호과 등이 관장하다가 사회부의 원호국에 통합되었으며 한국전쟁 이후에 이러한 문제를 통할하기 위해 군사원호청(軍事援護廳)이 설치되었다.

1961년 7월 5일 내각 직할의 군사원호청은 중앙행정기관으로서 상이군인에 대한 치료와 원호, 전사자 유족의 원호, 군인연금의 기금 관리와 지불 등 군사 원호에 관한 사무를 관장하였다. 군사원호청의 법적 기초인 「군사원호보상법」(법률 제758호)이 1961년 11월 1일 시행되어 제대군인, 상이군경, 전몰군경의 유족의 권리를 보호하였다.* 군사원호청은 1962년 4월 16일 원호처로 개편되었다. 1962년 4월 16일 「국가유공자 및 월남귀순자특별원호법」(법률 제1053호)이 제정되었다. 특이한 사항은 국가유공자라는 용어가 한국전쟁에서의 전몰군경이 아니라 애국지사와 4.19의거의 사망자 및 상이자를 가리키는 용어라는 점이다. 이 법 제4조 제1항은 "본법에서 애국지사라 함은 한일합병 전후로부터 1945년 8월 14일까지 국내외에서 한일합병을 반대하거나 독립운동을 하기 위하여 적극 항거한 사실이 있는 자와 그 항거로 인하여 사망 또는 신체적 장애를 입은 자 중 위원회에서 적용대상자로 결정된 자"라고 정의하고 있다. 이 법 제22조는 애국지사의 유골이나 시신을 국립묘지에 안장할 수 있게 하였다. 이로써 국립묘지가 전몰군경과 독립운동가들이 함께 안장될 수 있는 시설로 변모하였다. 이 법에 따라 애국지사 및 그 유족은 내

---

* 군인원호보상법은 연금 또는 보상을 언급하고 있는데, 이것이 「국가유공자법」과 같은 일방적 지급을 규정하고 법률로 예정하고 있다. 또한 1963년 군인의 급여에서 기여금을 기초로 한 〈군인연금법〉이 도입되었다. 현재에도 「국가유공자법」과 군인연금법이 공존하고 있다. 한편 공무원연금법은 1960년 1월 1일 제정·시행되었다. 독일의 경우에는 군인이 기여금을 납입하지 않고 국가가 일방적으로 지급하는 군인원호법(Soldatenversorgungsgesetz)만이 존재한다.

각사무처가, 4.19상이자 및 그 유족은 원호처가, 월남귀순자는 국방부가 각기 국가수호자특별원호심사위원회를 설치하여 해당 여부를 심사하였다. 원호처는 1985년 1월 1일 국가보훈처로 개편되어 현재에 이르고 있다. 원호 업무를 관장하는 국가기구는 박정희와 전두환의 군사정권이 등장하는 시점에서 전체적으로 그 권한이 강화되고 원호대상자들의 혜택도 확대되었다.

국가보훈의 가장 중요한 법적 기초인 「국가유공자예우등에관한법률(제3742호)」은 1985년 1월 1일 시행되었다. 이 법률은 그전에 14개의 원호관계법 중 7개의 법을 통합정비하였다. 이 법에 의해 종래의 '원호대상자'라는 용어 대신에 '국가유공자'라는 용어가 보편적으로 사용되었다. 국가유공자는 '전몰상이군경'뿐만 아니라 '애국지사(독립운동가)', '4.19의거사망자'나 '4.19의거상이자', 여타 '국가사회발전 특별공로순직자, 상이자, 특별공로자'를 포함하게 되었다. 호국유공자, 독립유공자, 민주유공자, 사회공로자가 국가유공자의 기본 유형을 이루고 있다. 그러나 국가보훈처는 전몰, 사망, 상이군인에 치중하였기 때문에 실제로 군사원호청의 종래 역할에서 크게 벗어나지 못했다.

2) 유공자 다원주의

국가보훈기본법이나 「국가유공자법」은 다양한 유공자 범주를 설정하고 있다. 실제로 국가나 공동체를 위한 희생이 특정한 직책이나 특정한 신분의 전유물이 아니기 때문에 가급적 다양할수록 좋다. 한국현대사의 복잡성을 고려할 때, 이러한 다양한 범주의 유공자 규정은 훌륭한 설계라고 본다. 4.19의거 사망자나 상이자도 이미 1962년부터 국가유공자로 진입하였다. 「국가유공자법」 제4조 제1항에 제시된 구체적인 유공자들은 크게 네 가지 범주로 유형화할 수 있다.*

---

* 국가보훈기본법도 대체로 네 가지 유형의 유공자 범주를 상정하고 있으나 아래 라.에서 '공무수행'을 첨가함으로써 그 의미폭을 제한하고 말았다. 공무수행이라는 단어를 삭제하는 것이 전체적으로 균형에 맞다.
국가보훈기본법 제3조(정의) 이 법에서 사용하는 용어의 뜻은 다음과 같다.
1. "희생·공헌자"란 다음 각 목의 어느 하나에 해당하는 목적을 위하여 특별히 희생하거나 공헌한 사람으로서 국가보훈관계 법령에서 정하는 적용 대상 요건에 해당하는 사람을 말한다.
가. 일제로부터의 조국의 자주독립
나. 국가의 수호 또는 안전보장
다. 대한민국 자유민주주의의 발전
라. 국민의 생명 또는 재산의 보호 등 공무수행

유공자 유형	「국가유공자법」 제4조 제1항상 분류
독립유공자	순국선열(1호), 애국지사(2호)
호국유공자	전몰군경(3호), 전상군경(4호), 순직군경(5호), 공상군경(6호), 무공수훈자(7호), 보국수훈자(8호), 6·25참전 재일학도의용군인(9호), 참전유공자(10호), 순직공무원(14호), 공상공무원(15호)
민주유공자	4·19혁명사망자(11호), 4·19혁명부상자(12호), 4·19혁명공로자(13호)
사회공로자	국가사회발전 특별공로순직자(16호), 국가사회발전 특별공로상이자(17호), 국가사회발전 특별공로자(18호)

첫째로, 독립유공자는 국권회복과 국가건설의 초석을 닦은 인물에 관한 것이므로 국가유공자의 맨 윗자리를 차지한다. 맨윗자리라고 하면 시간적 논리적 우선성뿐만 아니라 국가철학적인 위계 서열에서도 최우선성을 차지함을 의미한다. 순국순열은 독립운동 과정에서 사망한 사람을, 애국지사는 사망을 제외하고 독립운동에 관여하여 일정한 수준의 고초를 겪은 사람을 의미한다. 국가보훈처는 다수의 독립운동가를 발굴하여 국가유공자로 인정해 왔지만 독립운동과 관련해서는 일제 식민 지배 아래서 인물의 생애적 일관성과 그에 관한 고증이라는 매우 힘겨운 작업을 요구한다. 특히 최근의 자료에 의하면 안중근 의사의 협력자로서 옥살이를 하였다가 밀정으로 변신하였다는 혐의를 받는 우덕순과 같은 인물들이 다수 있다고 한다. 따라서 비밀자료까지 접근해야 그 전말을 알 수 있을 정도로 독립운동가의 발굴과

평가는 어려움이 따르는 작업이다. 어쨌든 국가가 독립운동가의 발굴과 명예인정과 관련해서는 적극적인 역할을 수행하지 못했다고 지적받고 있다. 게다가 보수정권은 독립운동가의 발굴작업을 등한시함으로써 독립운동가의 예우에 결함을 드러내었다. 최근에는 여성독립운동가의 발굴이나 효창공원의 성역화 작업이 주목받고 있다.

둘째로, 호국유공자는 전몰군경이나 전상군경, 순직군경이나 공무원을 중심으로 하는 범주이다. 대부분의 국가에서도 전몰군경을 중심으로 보훈제도를 발전시켜 왔다. 「국가유공자법」 제2조는 "대한민국의 오늘은 온 국민의 애국정신을 바탕으로 전몰군경과 전상군경을 비롯한 국가유공자의 희생과 공헌 위에 이룩된 것이므로 이러한 희생과 공헌이 우리와 우리의 자손들에게 숭고한 애국정신의 귀감으로서 항구적으로 존중되고…."라고 천명한다. 한국전쟁과 월남전 참전, 여타 군사작전에 참여한 희생자들에 대해서도 다양한 특별법들이 존재하지만 이들을 국가유공자로 인정하고 있다. 그러나 군사작전에서 희생된 군인은 모두 국가유공자가 되어야 하는지에 대해서는 최근 격론이 제기된 바가 있다. 5.18광주학살에 가담한 군부대의 일원으로서 사망한 군인을 전사자로 판정하여 국가유공자로 인정하였다는 사실이 드러났기 때문이다. 이에 대해서 국가의 동원에 따른 희생이기 때문에 순직으로 처리하는 것까지는 용인하더라도 국가유공자의 인정을 철회하는 것이 신군부에 대한 내란목적 살인죄의 유죄 판결과 전체적으로 조화를 이룰 것이다.

셋째로, 민주유공자는 독재에 항거하는 과정에서 사망하거나 부상하거나 상이를 입은 사람들을 가리킨다. 「국가유공자법」은 4.19희생자들을 국가유공자로 인정하였다. 이러한 사례는 국제적으로 보기 드물지만 한국 현대사에서 민주화운동이 정치발전의 주요한 축이었다는 점에서 합당하다고 여겨진다. 또한 「5.18민주유공자법」(제6650호)은 5.18희생자를 국가유공자로 인정하고 있다. 나아가 「민주화보상법」(제6123호)은 삼선개헌 이후 권위주의적 통치에 항거하다가 희생당한 사람들에게 민주화운동 관련자로 보상을 시행하였으나 이들을 국가유공자로 인정해야 한다는 요구가 거세지고 있다. 일각에서는 민주화운동가들이 민주화운동으로 일정한 명예회복과 경제적 보상을 향유하는 것으로 충분하지 추가적으로 국가유공자로 인정받으려는 것은 과도한 국가주의적 인정 열망이라고 꺼리기도 한다. 그러나 「국가유공자법」이 4.19희생자나 5.18민주유공자들을 국가유공자로 수용한 이상 민주화운동 희생자들을 배제해야 할 이유는 없다. 다만 어느 정도 희생을 당한 사람을 국가유공자로 인정할 수 있는지에 대해서는 더 논의해 볼 문제이다. 민주화 운동 과정에서 사망한 사람들(전태일, 이한열 등)을 국가유공자로 인정하는 것은 특별히 문제될 것이 없다. 이와 관련해서 일반적인 민주화운동 관련자들은 대체로 「민주화보상법」으로 경제적 보상을 받았기 때문에 「국가유공자법」의 경제적 보상과 상관없이 국가유공자의 명예를 인정하자는 제안을 내놓기도 한다. 이는 유공자법제의 운용의 경직성을 해소함으로써 쉽게 해결될 문제로 보인다.

넷째로, 사회공로자는 국가유공자로서 드문 유형이다. 실제로 자신의 직무 외의 행위로 위난에 처한 타인을 구하려다 생명을 잃거나 상이를 입은 사람들을 보상하는 「의사상자법」(제15897호)이 존재한다. 의사상자법은 일종의 착한 사마리아인법이라고 할 수 있다. 이러한 사회공로자는 좁은 의미에서 공무 관련성을 결여하기 때문에 지금까지 국가유공자로 인정받지 못했다. 그러나 좁은 의미에서 공무가 아니더라도 타인과 공동체의 가치를 지키기 위해 생명을 잃거나 상이를 입은 사람들을 국가유공자로 인정하는 것이 필요하다.* 나아가 다양한 의미에서 사회발전에 탁월한 공적을 세운 사람들에게 국가유공자로 예우하는 것도 필요하다.「국가유공자법」은 국가사회발전 공로자도 국가유공자로 규정하고 있다. 누군가 자신의 분야에서 특출한 노력을 기울여 노벨상을 수상하였다면 이러한 경로를 따라 국가유공자로 인정될 수 있을 것이다.** 특별한 희생(사망이나 상이)이 아니라 특별한 공로에 대해서는 경제적 보상을 제공해야 할 필요는 없다. 그들에게는 상징적 영예로서 국가유공자로 인정하는 것으로 충분하

---

* 사회공로자는 1985년「국가유공자법」에서 신설되었으며, 83년 아웅산 묘소 폭파사건으로 사망한 17명만이 특별공로순직자로 인정되었고, 故윤한덕 중앙응급의료센터장이 2019년 8월 특별공로순직자로 인정되었다. 그러나 순직자들이 공직자인 경우에는「국가유공자법」제4조 제1항 16호상의 특별공로 순직자라기보다는「국가유공자법」제4조 제1항 14호상의 순직공무원에 해당한다.

** 「국가유공자법」시행령 재6조 제2항은 '국가사회발전 공로자'를 다음과 같이 정의하고 있다.
1. 대한민국의 건국과 그 기틀을 공고히 하는 데 이바지하여 국가발전에 뚜렷한 공로가 있는 자
2. 국권(國權)의 신장과 우방(友邦)과의 친선에 이바지하여 국가발전에 뚜렷한 공로가 있는 자
3. 국가의 민주발전과 사회정의의 구현에 이바지하여 국가발전에 뚜렷한 공로가 있는 자
4. 그 밖의 사유로 국가와 사회발전에 헌신적으로 이바지하여 국가발전에 뚜렷한 공로가 있는 자

기 때문이다.

국가유공자의 인정 문턱이 과도하게 낮아져서 일상적인 성실함과 국가유공자성이 구분할 수 없을 정도가 되어서도 안 되지만 그 인정 문턱이 너무 높아져서 유명무실한 제도가 되지 않도록 해야 한다. 우리나라의 국가유공자법제는 본질적으로 네 가지 유형을 설정함으로써 국가적 인정제도로서 나름대로 훌륭한 범주 구분을 갖추고 있다. 더욱 중요한 것은 실제에서 합당한 귀감을 각 부문에서 조화적으로 발굴하는 노력이다. 특히 사회공로자 항목은 누구든지 자신의 특별한 희생과 공로와 관련하여 유공자가 될 수 있는 지렛대로서 중요하다.

3. 보훈법의 기본원리

보훈(報勳)은 사전적으로 '나라를 위해 들인 큰 수고와 노력에 보답하는 것'을 의미한다. 「국가보훈기본법」은 "국가를 위하여 희생하거나 공헌한 사람의 숭고한 정신을 선양(宣揚)하고 그와 그 유족 또는 가족의 영예로운 삶과 복지향상을 도모하며 나아가 국민의 나라사랑 정신 함양에 이바지함"을 국가보훈의 목표로 천명한다(제1조). 같은 법 제2조는 "대한민국의 오늘은 국가를 위하여 희생하거나 공헌한 분들의 숭고한 정신으로 이룩된 것이 므로 우리와 우리의 후손들이 그 정신을 기억하고 선양하며, 이를 정신적 토대로 삼아 국민 통합과 국가 발전에 기여하는 것"을 국가보훈의 기본이념으로 표방한다. 이러한 보훈의 목적을 달성하기 위해서 보훈대상자의 명예의 존중과 품위 있는 처우를 필요로 한다. 동시에 보훈대상자들도 품위 유지의 의무를 진다.

보훈법제를 명예 인정을 위한 상징적 제도로 운영할 것인가, 유족들의 생활을 실질적으로 보장하기 위한 제도로 운영할 것인가, 아니면 이 두 가지 목표를 동시에 달성할 것인지가 문제이다. 「국가유공자법」은 이 두 가지를 목표로 하고, 여타 보훈법제(보훈보상자지원법, 재해보상법)는 본질적으로 생활보장에 초점을 맞추고 있다. 그러나 보훈제도의 전반에 걸쳐서 생활보장과 관련해서는 사회보장제도나 연금제도 또는 여타 보훈법제의 수준을 감안하여 과잉이나 과소가 없어야 하고 또한 명예 인정제도로서 보훈제도를 주목한다면 상훈제도와 유사한 인정제도(이달의 호국보훈인물 또는 독립운동가, 민주열사)와 결부되어 조정되어야 할 필요가 있다. 실제로 「국가유공자법」은 다목적을 수행하기 때문에 문제가 더욱 복잡해졌으며 제도 운영의 경직성과 타성으로 인해 현실의 문제점들을 해결하기보다는 지연시키고 있다.

이제 보훈제도의 실질적이고 경제적인 보상에 대해서 검토해보자. 이미 원호법의 도입 초기부터 만족스러운 수준은 아니었지만 다양한 보훈 급부 수단들이 시행되어 왔다. 현재 「국가유공자법」의 급부 수단은 보훈 수단을 거의 망라하고 있다. 우선적으로 보상금, 수당 및 사망일시금으로 구성된 보훈급여금이 경제적 보상의 기본축이다. 유공자의 유형과 상황에 따라 생활조정수당, 간호수당, 무공영예수당, 6.25전몰군경자녀수당, 부양가족수당, 중상이부가수당, 4.19혁명공로수당, 기타 수당 등이 존재한다. 다음으로 교육지원, 취업지원, 채용시험 가점, 국가의 우선채용, 보훈 특별고용, 직업훈련, 의료지원, 장기저리대부, 농지 및 주택의 구매를 위한 대부, 지급보증, 양로지원, 요양지원, 보훈 재가복지서비스, 양육지원, 수송시설의 이용 지원, 고궁 등의 이용 지원, 주택의 우선공급, 생업지원 등 다양한 수단들을 구비하고 있다. 이와 같이 다양한 보훈 수단들을 광범위하게 예정하고 있기 때문에 희생자들은 국가유공자법상의 유공자로 인정받고자 한다. 그러나 이러한 보훈 조치들을 어떻게 운용하는 것이 바람직한가? 하나의 해법은 국가유공자법제 안에 내재되어 있고, 다른 해법은 「국가유공자법」 외부의 다른 보훈법제와 사회보장법제와의 관계에서 찾을 수 있다.

우선 「국가유공자법」의 보상 원칙 자체를 살펴보자. 「국가보훈기본법」 제18조(예우 및 지원의 원칙)는 "국가와 지방자치단체는 국가보훈대상자에게 희생과 공헌의 정도에 상응하는 예우 및 지원을 한다"고 천명하고, 「국가유공자법」 제2조(예우의 기본이념)는 "… 그 희생과 공헌의 정도에 상응하여 국가유공자와 그 유족의 영예로운 생활이 유지·보장되도록 실질적인 보상이 이루어져야 한다"고 밝히고, 같은 법 제7조(보상 원칙)는 "국가유공자, 그 유족 또는 가족에게는 국가유공자의 희생과 공헌의 정도에 따라 보상하되, 그 생활수준과 연령 등을 고려하여 보상의 정도를 달리할 수 있다(제1항)"고 구체화하고 있다. 국가보훈기본법과 「국가유공자법」에서 세 가지 보훈 원칙을 이끌어낼 수 있다. 첫째로, 희생과 공헌의 정도에 따른 보상 원칙이다. 둘째로, 생활수준과 연령을 감안한 조정 원칙이다. 셋째로, 명예로운 생활을 위한 실질적 보상 원칙이다. 첫 번째 원칙은 평균적 정의의 문제로서 손실, 희생, 공헌에 대한 경제적 고려의 원칙이다. 이는 손해배상 청구소송에 손해배상액을 산정하는 방식에 준한다. 그러나 첫 번째 원칙에 따라 보훈 급부가 확정되지 않는다. 두 번째 원칙은 배분적 정의의 문제로서 유공자나 유족의 생활정도나 연령을 감안하여 보상 수준을 조정할 수 있다. 사망한 유공자의 자녀들이 이미 성년이 되어 독립적인 경제생활을 하는 경우와 아직 학생으로서 독립적인 경제생활을 할 수 없는 경우에 대부분 문명국가의 법제는 처우와 지원의 차등을 두고 있다. 이는 기본적으로 사회보장법의 원리를 표현한다. 세 번째 원칙은 보충적인 사고로서 유공자나 유족의 명예로운 생활을 유지하고 보장하도록 실질적 보상을 제공하라는 원칙이다. 세 번째 원칙은 두 번째 원칙을 보강하는 원칙에 가깝다. 「국가유공자법」은 이와 같이 보상 원칙을 유연하게 설정하고 있기 때문에 법 자체가 보훈 당국에게 평가 재량을 부여하고 보훈 당국은 이러한 고려 원칙에 따라 유공자와 유족의 생활을 충실하게 보장할 수 있도록 해야 한다. 그러나 보훈 당국은 이러한 유연한 보상 원칙을 도외시하고 기성제도를 경직되게 운용하고, 예산의 제약으로 인해 제도를 더욱 엄격하게 운용한다.

다음으로 「국가유공자법」 이외의 보훈법제, 사회보장법 등 전체 법체계 안에서 「국가유공자법」의 비중과 역할을 조정해야 한다. 하나의 법을 적용하는 것은 전체 법전을 적용하는 문제이다. 「국가유공자법」은 보훈법제의 기축을 형성하고 있다. 이 법이 보훈의 정신을 가장 포괄적으로 표현하고 있다는 점에서도 그렇지만 앞서 지적한 대로 가장 광범위하고 다양하고 두터운 보상 조치들을 예정하고 있다는 점에서도 그렇다. 그러나 국가유공자의 희생과 공로를 보상해주는 법제가 「국가유공자법」이나 보훈법제에 한정되지 않는다는 점을 주목해야 한다. 발생사적으로 본다면 국가유공자법제는 한국 사회가 전반적으로 제대로 된 연금법제나 사회보장법제를 갖추지 못한 국면에서 탄생하였다. 따라서 보훈법제와 여타 법제 간의 어느 정도 중복 적용 가능성을 내포하고 있고, 또한 중복적으로 적용됨으로써 불충분성을 보완해 주는 것도 의도되었다. 그러나 연금법제나 사회보장법제, 재해보상법제가 완비되어 가는 현재 상황에서 최고 수준의 경제적 보상 기능을 수행하는 국가유공자 법제가 진정으로 필요한 것인지에 대해서 의문을 갖게 한다. 실제로 「국가유공자법」의 경제적 보상 기능을 사실상 제거함으로써 다른 법제들을 정상화할 수 있다. 군인연금법이나 공무원연금법은 군인이나 공무원의 개인적 저축제도가 아니라 국가가 공무수행자와 그 유족의 생활을 보장하기 위해 국가의 기여분이 높게 설정한 제도로서 이미 공직자의 희생과 공헌을 고려하고 있다. 따라서 공직자나 군인에 대해서는 연금법과 재해보상법으로 특별한 희생을 전반적으로 보전하도록 조정하는 것으로 충분하다. 그렇게 되면 특별한 희생에 대해 전혀 보호받지 못하는 유형의 유공자들만이 「국가유공자법」의 문을 두드릴 권리를 갖게 된다. 이 경우에도 국가유공자의 경제적 수당을 앞서 언급한 연금법이나 재해보상법상의 수당에 준하여 재조정할 필요가 있다. 이제 「국가유공자법」의 재정립 방향을 생각해 보자. 이러한 원칙을 실현하기 위해서는 보훈 당국의 관행 개선이 필요하기도 하지만 법률의 개정을 필요로 하는 경우도 있다.

첫째로, 「국가유공자법」의 경제적 보상 기능과 명예 인정 기능을 분리하여 운용하는 것이다. 국가유공자로 인정받음과 동시에 법률상 예정된 모든 혜택을 일괄적으로 제공하는 경직된 운용 방식을 지양해야 한다. 명예 인정 기능을 강화하면서, 경제적 보상 기능은 다른 법제를 통해서도 전혀 보상이 이루어지지 않은 경우에만 사회보장제도로서 작동하도록 하는 것이다.

둘째로, 다른 법제에 의해 보상을 받았다 하더라도 유공자들이 여전히 경제적으로 곤란한 상태에 놓인 경우에는 생활조정수당을 지급하거나 인상함으로써 유공자의 품위를 유지하도록 해야 한다. 생활수준과 연령을 고려하여 보훈 급부를 제공한다는 「국가유공자법」의 원칙을 구현하는 것이다. 실제로 월남전 참전군인과 5.18민주유공자들에 대한 생활조정수당의 신설 또는 인

상은 「국가유공자법」의 정신을 유연하게 구현하는 사례로 평가
할 수 있다.

셋째로, 보상의 필요성이 희생의 정도와 연동되어 있지만 보
상액이 경제적으로 손실에 일치시킬 필요가 없다. 국가유공자가
소득이나 자산의 보유 정도에서 매우 높은 생활수준을 유지하고
있다면 유공자들에게 굳이 별도로 경제적 보상을 시행해야 하는
지 의문이다. 그 경우 명예의 인정과 경제적 보상을 분리하는 것
이 바람직하고 일종의 명예 유지를 위한 최소한의 수당을 지급
하는 것이 적절하다. 한편 국가유공자의 생활수준이 열악한 경
우에는 희생의 경제적 평가액을 초과하는 급부를 제공할 수 있
다. 경제적 자산 상태에 대한 재평가를 통해서 급부 수준을 일정
기간마다 재조정할 수 있어야 한다. 결국 보훈법제의 유연성이
생명이다.

넷째로, 유공자(상이자) 본인의 취업대책에서 국가가 적극적
인 조치를 취해야 하지만, 유공자의 2세대에 대한 취업 가산점이
나 취업 알선제도는 오늘날 기회균등의 관점에서 일반 국민으로
부터 많은 비판을 받고 있다. 요즘 세대는 이러한 가산점 제도나
특별고용 관행을, 공정한 기회를 해치는 것으로 인식한다. 따라
서 2세대에 대해서는 취업교육이나 교육지원을 강화하는 방향

으로 재구성해야 한다.

다섯째로, 국가유공자법상의 경제적 보상 수준이 다른 보훈보상법제나 연금법제보다 월등하게 높은 수준이 되는 것을 지양해야 한다. 「국가유공자법」의 보상 기능은 국가를 위한 희생임에도 불구하고 아무런 보상을 받을 수 없었거나 과소한 경제적 보상을 받은 희생자나 유족에게 보완적으로 작동하게 해야 한다.

여섯째로, 공적인 희생자에 대해 국가유공자라는 영예를 부여하는 것이 경제적 보상과 결부됨으로써 국가유공자 인정을 더욱 경직되게 하거나 곤란하게 하기 때문에 국가유공자 인정과 경제적 보상을 완전히 구분하는 제도를 확립해야 한다. 그 경우 유공자법은 순전히 영예에 관한 법으로서 상훈법과 통합된 방식으로 나아가고, 유공자법의 경제적 보상 기능은 별도의 보충적인 보상법으로 정립되게 될 것이다.

4. 군인의 죽음

보훈법제의 중심에는 군인의 죽음이 있다. 군인의 죽음에 대한 보상 관련 법제는 계속해서 증가하고 있다. 그러나 희생자를 법리적으로 매우 의심스러운 방식으로 구분하고 위계화하는 다수의 보훈법제들은 실제로 보훈법제의 원리와 정신을 위태롭게 한다. 군인의 처우와 관련된 법제 중 군인의 순직(공무로 인한 복무중 사망)을 다루는 법률은 앞서 언급한 「국가유공자법」뿐만 아니라 「군인사법」 「군인연금법」(군인재해보상법*) 「보훈보상자법」 등이다. 군인의 순직을 다루는 법이 이렇게 다양하게 존재해야 하는지 의문이다. 독일은 단일한 군인보훈법(Soldatenversorgungsgesetz)**을 기반으로 전사자, 순직자뿐만 아니라 비순직자(일반사망)의 문제까지 해결하고 있다. 「군인사법」은 군인의 지위 변동과 제적, 보임에 관한 기본적인 법으로서 당연히 필요하지만, 나머지 법들은 주로 군인의 순직에 대한 경제적 보상법으로서 그 기능과 목적이 동일하다. 「군인사법」은 군인의 죽음을 전사자, 순직자, 일반사망자로 판정한다(제54조의2). 이러한 세 가지 분류는 다른 나라의 군사법제에서도 일반적이다. 대만은 이러한 분류를 채용하고 독일도 실질적으로 유사한 방식을

---

* 지원에 의하지 아니하고 임용된 부사관, 병, 군간부후보생 등이 적용 대상이다.

** 이 법은 실제로 확장된 군인연금법이라고 볼 수 있다. 독일에서는 군인이 기여금을 내지 않는 점이 특색이다.

채용하고 보상 정도에서 차등을 두고 있다. 동일한 법제가 모든 사망에 대한 보상문제를 해결함으로써 유족의 고충을 최소화하면서 분류 기능과 연결 기능을 나름대로 훌륭하게 수행한다.

「군인사법」은 2015년부터 순직자를 순직 I형, 순직 II형, 순직 III형으로 구분하였다.* 현행체제를 따를 때 순직 II형은 대체로 국가유공자로, 순직 III형은 대체로 보훈보상자로 처우하는 것을 예정하고 있다. 국가의 수호, 안전보장 또는 국민의 생명·재산 보호와 직접 관련이 있는 직무수행이나 교육훈련 중 사망한 군경 및 공무원(순직 II형)과 국가의 수호, 안전보장 또는 국민의 생

---

* 제54조의2(전사자 등의 구분) ① 군인이 사망하거나 상이를 입게 되면 다음 각 호의 기준에 따라 전사자·순직자·일반사망자·전상자·공상자 및 비전공상자(이하 "전사자 등"이라 한다)로 구분한다.
  1. 전사자: 가. 적과의 교전(交戰) 또는 적의 행위로 인하여 사망한 사람. 나. 무장폭동, 반란 또는 그 밖의 치안교란을 방지하기 위한 행위로 인하여 사망한 사람.
  2. 순직자 : 가. 순직 I형: 타의 귀감이 되는 고도의 위험을 무릅쓴 직무수행 중 사망한 사람. 나. 순직 II형: 국가의 수호·안전보장 또는 국민의 생명·재산 보호와 직접적인 관련이 있는 직무수행이나 교육훈련 중 사망한 사람(질병 포함). 순직 III형: 국가의 수호·안전보장 또는 국민의 생명·재산 보호와 직접적인 관련이 없는 직무수행이나 교육훈련 중 사망한 사람(질병 포함).
  3. 일반사망자 : 제1호 또는 제2호에 해당하지 아니한 행위로 인하여 사망한 사람.

명·재산 보호와 직접 관련이 없는 직무수행이나 교육훈련 중 사망한 군경 및 공무원(순직 Ⅲ형)을 구분하고 전자를 국가유공자로서 혜택을 부여하고, 후자는 보훈보상대상자(보훈보상자법)로 격을 낮추어 부분적 혜택(경제적 보상의 70%)만 부여한다. 그러나 순직 Ⅱ형이든 순직 Ⅲ형이든 모두 공무와 관련한 순직이기 때문에 이러한 차별적 분류와 그에 따른 차별적 처우는 이론적으로 유지되기 어렵다. 군인의 역할과 업무분장은 군인 자신이 임의로 선택하지 않는다는 점, 직접적 또는 간접적 관련성을 판단할 객관적인 이론적 기준도 존재하지 않는다는 점, 어찌되었든 모든 업무가 공무라는 점에서 공무상 사망 자체에 대해 차별적인 법적 지위와 효과를 부여하는 것은 위헌의 소지가 있다.

군인의 공무상 사망 이후의 유족의 생활을 다루는 법제로써 전통적인 군인연금법(유족연금)이 존재하고, 2020년부터 군인재해보상법까지 도입되었다. 우선 군인의 공적인 죽음을 단일하게 규정하고, 그 유족들에 대한 처우를 통일적으로 확립하는 것이 바람직하다. 그 경우 군인연금법을 법적 처우의 근간으로 삼고 죽음의 상황과 여건에 따라 경제적 처우를 가감하는 방식으로 제도를 보강해야 한다. 군인의 사망은 전사, 순직, 일반사망으로 구분하고 순직자에 대하여 평균적 보상 수준을 결정하고 전사나

이에 준하는 군사작전, 특별한 고위험 업무에서의 사망에 대해서는 처우의 수준을 더 높이거나 독일처럼 일시적 보상금을 추가적으로 지급하고, 일반사망(단순한 사고사나 질병사, 순직으로 인정받지 못한 자해사망)은 순직보다 경제적 급부 수준을 낮추어 제공하는 방식을 생각해볼 수 있다. 오히려 군인의 사상에 대하여 접근하는 단일 법제를 마련하고 군인연금법의 작동 결과를 반영하여 군인보훈법제를 보완적으로 정비하는 것이 필요하다. 장기적으로는 「군인연금법」, 「공무원연금법」, 「국민연금법」을 포함한 기여금에 기초한 연금제도를 전반적으로 통합적으로 구성하는 것이 필요하다.

현재와 같은 군인연금제도(재해보상제도)와 국가유공자 제도가 병존하는 한에서는 누구든지 국가유공자로 인정받고자 한다. 그러나 현재 적용 요건을 자의적으로 구분함으로써 일정한 순직자들은 국가유공자로 인정하지 않고 있다. 사망한 군인의 유족이 군인연금법의 적용을 받아 생활의 보장을 받는 경우에는 「국가유공자법」이나 재해보상법을 적용할 필요도 없고, 일회적 보상금 정도를 추가적으로 지급하는 것이 바람직하다. 군인연금제도의 적용을 받지 않은 부사관, 병, 간부후보생에게는 2020년에 「군인연금법」을 보완하는 「군인재해보상법」을 도입하였는데 이

것도 역시 미봉책으로 여겨진다. 오히려 모든 군인은 군인연금법의 적용을 받도록 하고 그 연금 기여금을 국가가 보전하는 방식이 바람직하다. 「군인재해보상법」의 적용 요건(고도의 위험을 무릅쓴 직무)과 「국가유공자법」의 적용 요건(군인이나 경찰·소방 공무원으로서 국가의 수호·안전보장 또는 국민의 생명·재산 보호와 직접적인 관련이 있는 직무수행이나 교육훈련)*이 중복되어 있어서 구분하기도 어렵다. 국방부가 「군인연금법」을 보완하고자 별도의 재해보상법을 마련하였으나 「국가유공자법」이나 「보훈보상자법」과 전반적으로 중복되기 때문에 여전히 혼란이 지속되고 있다. 「군인연금법」이 단일한 제도로서 군인의 죽음을 경제적으로 보상하는 플랫폼이 되도록 개선하는 것이 바람직하다.

---

* 보훈보상자법의 적용 요건(군인이나 경찰·소방 공무원으로서 국가의 수호·안전보장 또는 국민의 생명·재산 보호와 직접적인 관련이 없는 직무수행이나 교육훈련)

5. 역사의 굴곡과 마지막 도전

1) 국립묘지의 현실

프랑스의 팡테옹에서 시작해 보자.* 전사자를 기리고 유족을 위로하기 위한 국립묘지는 대부분의 국가들이 설치하며 프랑스에도 전사자를 위한 군인묘지들이 존재한다.** 그런데 파리의 팡테옹과 같은 특별히 영예로운 안장 시설은 세계적으로도 매우 희귀하다. 팡테옹의 안장 여부를 둘러싼 논쟁과 심사 과정은 가톨릭의 시성식에 버금가는 세속적인 의례라고 할 수 있다. 1791년 미라보를 시작으로 2018년 철학자 시몬느 베이유와 그의 남편 앙트완 베이유까지 80여 명의 프랑스 위인들이 팡테옹에 안장되어 있다. 역사적으로 익히 알려진 루소, 마라, 에밀 졸라, 장

---

* 하상복, 『죽은 자의 정치학』, 모티브북, 2014.
** 독일은 두 차례 세계대전 후 북아프리카, 유럽 전역, 독일 전역에 군인묘지를 조성하고 관리해 오고 있지만 1955년 독일연방군이 재건된 이후에는 전사자와 순직자를 위한 군인묘지를 일체 조성하지 않고 있다. 사망한 군인의 장례식을 공적으로 치른 후 유해는 유족에게 인도하고 유족이 관례에 따라 매장한다. 독일은 2000년대 이후에 베를린 국방부 경내에 전사 및 순직 군인을 위해 간단한 위령시설(각명비)을 설치하고 있을 뿐이다.

조레스, 퀴리 부처뿐만 아니라 나치 체제 아래서 저항한 지도자도 안장되어 있다. 프랑스혁명 이후 200년간의 현대사에서 안장자들이 단지 80여 명뿐이라는 사실이 놀랍다. 콩도르세 같은 인물이 사후 200년 지나 최근에 안장되었다는 사실도 안장 자격의 까다로움을 짐작하게 한다. 전사자 이외에도 수십만 명에게 안장 자격을 부여하는 우리나라의 국립묘지와 파리의 팡테옹을 직접적으로 비교하는 것은 적절하지 않다. 파리의 팡테옹은 혁명과 공화국, 민주주의를 수호하는 데에 일생을 바쳤다는 평판을 누릴 만한 사람만이 엄선되어 안장되므로 말 그대로 프랑스인들의 국보이자 만신전이라고 부를 만하다. 대체로 해방투쟁이나 혁명전통을 통해서 국가를 수립했다고 자부하는 국가는 이와 같이 특별한 묘역을 조성한다. 체제의 탄생과 발전에 기여한 소수의 인물들만 안장하는 혁명열사릉과 애국열사릉을 설치한 북한의 관행도 프랑스의 팡테옹과 유사하다. 이러한 특별한 안장시설 이외에도 일반인과 군인들을 위한 국가묘지도 북한에 존재한다.*

----

* 아마도 북한이 조성한 혁명열사릉은 팡테온에 견줄 만한 것이 아닐까 생각된다. 일례로 혁명열사릉은 해방 전 조국해방을 위해 투쟁한 혁명1세대(대

동작동의 국립현충원은 기본적으로 여순사건과 한국전쟁을 거치면서 전몰군경을 위한 군인묘지로서 출발하였다. 동작동 국립묘지는 전사자들뿐만 아니라 최고위직 공직자들, 여타 순직자, 수훈자, 참전유공자까지 안장하고 있다. 안장 대상자가 증가함에 따라 대전과 연천에 국립현충원이 추가적으로 조성되었고, 안장 수요의 증가에 따라 괴산, 영천, 산청, 임실, 이천에도 국립호국원이 설치되었다. 10년 이상 군복무자까지 안장 자격을 부여함으로써 안장 대상자들이 40여만 명에 이르러 이제 국립묘지는 제대군인들을 위한 국가 상조회의 묘역으로 변모한 인상을 준다. 이러한 동향은 대체로 직업군인을 우대하는 미국의 국립묘지와 기능상 유사하다. 우리나라는 이러한 국립묘지 이외에도 4.19묘지, 5.18묘지, 이천민주공원묘지, 대구선암선열공원 등을 국립묘지로 지정하였다. 독립운동가와 임시정부의 요인들을 안

다수는 동북항일연군 출신)를 중심으로 조성되었기 때문에 친일파가 안장된다는 것은 상정하기 어렵다. 혁명열사릉은 단일한 이념으로 해명될 수 있을 것이다. 그러나 애국열사릉은 그 범위에서 더 광범위하다. 북한에는 기타 10개의 국립묘지가 전국에 산재한 것으로 알려졌다. 한국에서 국립현충원(동작동)은 처음부터 그러한 위계에 어울리는 성격이 아니었기 때문이다. 전사한 군인은 대체로 평범한 군인들이다. 한국전쟁에서 사망한 군인들도 역시 평범한 군인들이다.

장한 효창공원은 아마도 파리의 팡테옹에 버금갈 묘역이라고 여겨진다.

2) 안장 자격을 둘러싼 논쟁

일본의 최고 안장시설로서 야스쿠니신사는 수괴급 전범들을 합사한 연유로 국제적인 공분을 유발하고 있다. 국립묘지의 안장 자격은 그 나라의 철학과 법제에 따르는 고유한 영역임에는 분명하다. 그러나 안장자들이 심각한 전쟁범죄나 인도에 반한 범죄를 자행한 인물들이라면 그러한 묘지는 경건한 추모와 선양의 감정보다는 위협과 경멸의 감정을 촉발하기 쉽다. 프랑스에서도 1791년에 최초로 팡테옹에 안장된 미라보가 국왕 루이 16세와 주고받은 문제적인 서신으로 인해 팡테옹에서 이장되고 그 자리에 또 다른 혁명지도자 마라가 안장되기도 하였다. 2020년 미국에서도 유사한 사건이 벌어지고 있다. 남북전쟁후 남부 도시에 남군 총사령관 로버트 리의 동상이 몇 개 세워졌다. 로버트 리는 남북전쟁 당시에 대체로 훌륭한 군인으로 평가받았고 전후에는 남부 재건사업에 투신하였다고 한다. 그런데 사회주의 붕괴 이후 스탈린이나 레닌 동상이 겪은 영욕처럼 버지니아의 리

치먼드 시에 설치된 로버트 리의 동상은 철거될 예정이다. 오늘날 미국 시민들이 그의 동상을 인종 차별의 상징으로 인식하였기 때문이다.

한국 사회에서도 유공자의 자격이나 국립묘지 안장 자격에 관한 논쟁이 계속되고 있다. 국립묘지법은 친일 행적을 국립묘지 안장자격의 배제 사유로 규정하고 있지 않지만 안장 철회의 합당한 기준을 마련할 수도 있을 것이다. 현재 안장 철회와 관련해서 국립묘지법 개정안이 발의되어 있다. 아마도 반민특위의 친일파 명단이나 친일진상규명위원회나 민족문제연구소가 작성한 친일파 명단에 해당하는 인물들이 주로 문제될 것이다. 그러한 인물 중 다수는 호국유공자라는 사유로 국립묘지에 안장되어 있다. 이제 친일파로서 죄업과 호국유공자로서의 공적 간의 관계를 어떻게 설정할 것인지가 문제이다. 해방 이후 친일파를 민족반역자로 처벌하고 공적 영역에서 활동할 기회를 봉쇄했어야 했다. 그러나 해방 이후 군정 당국과 한국 정부는 국가와 군대의 재건 과정에서 친일파들에게 새로운 기회를 제공하였고 이들은 해당 영역에서 나름의 자격을 얻게 되었다. 물론 친일 행위를 민족에 대한 절대적 범죄로 규정한다면 호국유공자임에도 불구하고 안장 자격을 단호하게 박탈할 수 있다. 그러나 시간적 선후

관계는 도덕적으로 중요한 고려 사항이다. 후발 사유가 친일파의 죄업이라는 선행 사유를 추월하거나 대등한 가치를 지닐 수도 있기 때문이다. 독일이나 프랑스에서 지속된 나치 범죄자나 협력자의 처벌은 이러한 후발적 상황을 봉쇄하고 일반적 사면을 거부한 사정에서 비롯된다.

일제의 훈작을 받았더라도 개심하여 독립운동에 매진한 김가진은 동일한 일제강점기 안에서 발생한 후발 사유(독립운동)가 선행 사유(친일행적)를 추월하는 사례에 해당한다.* 한편 친일파로서 해방을 맞이한 인물들은 피할 수 없는 책임 문제에 직면한다. 다소 동떨어진 이야기이지만 디오클레티아누스 황제의 강요로 로마 신들의 제의에 참여한 교회 사제들이 다시 사제의 직분을 받들 수 없다는 강경한 주장에 대해 아우구스티누스는 사제의 직분은 신이 부여한다는 논리로 개전의 길을 제공하였다. 물론 정치의 영역에서 그러한 직분과 새로운 사명을 부여하는 주체는 신이 아니라 국가공동체이다. 해방 이후 한국 사회는 사면

---

* 동농 김가진(1846-1922) 선생은 아직 독립운동가로 인정받지 못하였다. 동농이 일제의 작위를 실제로 받지 않았다는 주장도 있으나 설혹 받았다고 하더라도 그 이후의 삶은 죽을 때까지 중국에서 독립운동에 진력하였고 그의 영향으로서 그의 가계도 많은 독립운동가들을 배출하였다.

과 새로운 출발을 포함하는 취지의 정치적 합의를 형성하지 않은 채 친일파들에게 새로운 기회를 제공하였다. 실제로 특수임무의 완수를 조건으로 범죄자에게 자유를 약속하는 형벌부대(Strafbataillon)나 죄수부대의 사례들이 존재한다.* 영화 〈실미도〉를 통해 알 수 있듯이 특수임무를 수행하는 부대들이 실재하였고 이들의 명예를 회복하고 보상을 시행하기 위해 「특수임무유공자법」도 최근에 제정하였다. 국가나 공동체가 특정한 유형의 인물들의 경력이나 전력을 인식하고 활용하고 나서 이들을 다시 단죄하려는 것은 그 공적인 권위를 스스로 훼손하는 것이라고 할 수 있다. 그런 점에서 일본군 고위 장교 출신으로서 한국전쟁에서 전사한 채병덕의 사례는 청산하기 어려운 역사가 되었다.**

한편 국제사회에서는 사면이 불가능한 유형의 보편적이고 국제적인 범죄 관념이 존재한다. 이러한 기준에 비추어 친일파의

---

* 제2차 세계대전 중 미국, 영국, 독일, 소련에서도 이러한 부대들이 존재하였다. 대체로 이러한 부대는 전쟁법을 위반하는 군사작전에 투입된다는 점에서 동시에 범죄적 부대이기도 하다.

** 채병덕은 일본 육사 출신으로 여러 차례 일본의 훈장을 받고 해방 이후 참모총장이 되었고 한국전쟁의 초기 참패의 원흉으로 지목되었다. 그는 좌천되어 경남 하동전투에서 인민군의 매복에 걸려 전사하였다. 채병덕은 전사자로서 현재 동작동 국립현충원에 안장되어 있다.

규정성을 해체하는 것이 필요하다. 대전현충원에 안장된 백선엽을 둘러싼 논란은 바로 여기에 해당한다. 보수파들은 친일 전력에도 불구하고 백선엽이 한국전쟁에서 큰 공을 세웠으므로 당연히 국립묘지에 안장해야 한다고 주장한다. 이러한 주장은 백선엽이 조작된 전쟁영웅이라는 주장만큼 허약하다. 군인은 군인으로서의 행적을 국제인도법이나 전쟁법의 렌즈로 개별적으로 평가해야 한다. 군인은 일본의 군인으로든 해방 이후 한국의 군인으로든 국제인도법과 전쟁법을 위반하여 제노사이드, 전쟁범죄, 인도에 반한 죄를 범했다면 당연히 국립묘지 안장 자격을 배제해야 한다. 실제로 만주국 군대, 특히 간도특설대*에 가담한 조선인 장교들은 패전 이후 연합국의 체포를 피해 용이하게 귀국하였지만 만주에 주둔한 일본인 장교들의 다수는 포로로 붙잡혀 당시 중국이나 소련에서 전쟁범죄자로서 국제군사재판을 받았다.** 이 국제군사법정에서 이들에게 적용된 죄목을 기준으로 조

---

* 김주용, 「만주지역 간도특설대의 설립과 활동」, 『한일관계사연구』 제31집, 2008.12, 169-199쪽.
** 사회주의 중국에서 실시된 일본군 장교들의 전쟁범죄에 대해서는 Ling Yan, The 1956 Japanese War Crimes Trials in China, Morten Bergsmo, CHEAH Wui Ling and Yi Ping(ed.), Historical Origins of International

선인 군인들의 범죄 여부를 판단할 수 있을 것이다. 현재의 「국가유공자법」이나 국립묘지법은 대체로 특정한 유형의 범죄로 유죄의 확정 판결을 받은 사람에 대해 안장 자격을 배제한다. 나중에 드러난 죄상과 관련하여 안장 철회의 조건을 설정하지 않고 있다. 그러나 사망한 자에 대한 유죄 판결은 현대의 법제도에서는 가능하지 않기 때문에 안장자격심사위원회가 안장의 철회 여부를 판단하도록 법을 개정해야 할 것이다. 국립묘지의 안장 자격 문제는 묻히고 나면 봉합되는 문제가 아니라 소급적 역사 평가의 대상이다. 군인이 특정한 사유로 훈장을 받거나 유공자가 되었다고 하더라도 그가 국제범죄(전쟁범죄, 침략범죄, 인도에 반한 범죄, 제노사이드)에 연루되거나 그러한 범죄를 자행했던 부대의 지휘관으로서 책임이 있다면 안장 자격을 박탈해야 한다. 일제강점기이든 한국전쟁에서든 월남전에서든 광주학살에서든 이러한 기준은 동일하게 고려되어야 한다. 5.18광주학살에 관여한 유학성*과 같은 인물이나 전두환이나 노태우 등도 당연히 결

Criminal Law Vol. 2, Torkel Opsahl Academic EPublisher, 2014, 215-241쪽.

* 유학성(1927-1997)은 내란목적 살인죄로 1심과 2심에서 유죄판결을 받았으나 대법원의 최종 판결이 나오기 전에 사망하였던 연유로 국립묘지에 안장되었다.

격사유에 해당한다. 5.18광주학살에 진압부대원으로서 참여한 여타 군인들도 국립묘지에 안장되는 것은 부적절하다. 보통의 군인들이 내란죄의 부화뇌동자로 처벌받아야 함에도 불구하고 명령에 따른 행위였다는 고려에서 처벌받지 않았던 것이다. 이들은 이로써 이미 형사적 특혜를 누린 것이므로 유공자의 지위를 이들에게 인정하는 것은 부당하다.

통일 이후에 북한의 국립묘지나 북한이 인정한 유공자들의 예우는 어떻게 조정할 것인가? 우리에게는 더욱 큰 대승적인 잣대가 필요하다. 2015년에 출시된 영화 〈암살〉은 김원봉을 재평가하려는 움직임을 낳았으나 그가 북한 정권에 참여했다는 이유로 독립유공자의 지위를 인정받지 못했다.* 전쟁과 적대를 반복해 온 남한과 북한이 어떻게 더 높은 수준에서 통합을 이룰 것인가? 죽은 자들의 상징적 공동체를 조성하는 것은 살아 있는 자들의 공동체를 만들기 위한 초석이다. 통일 이후의 상황을 미리 앞당

---

* 「국가유공자법」(제79조)은 유공자 인정 배제 사유가 되는 범죄의 목록을 나열하고 있다. 관련자에 대한 유죄판결이 확정될 것을 요구한다. 「독립유공자예우법」(제39조)도 거의 동일한 규정을 두고 있다. 또한 독립운동가가 국가유공자가 되기 위해서는 독립유공자법 제4조에 따라 훈포장을 받아야 한다. 그러나 상훈법 제8조 2호에 의하면 "국가안전에 관한 죄를 범하였거나 적대지역으로 도피한 경우"에는 훈포장을 취소하도록 하였다.

기는, 작지만 원대한 예행연습을 주목해 보자. 제주시 애월읍 하귀리 영모원의 위령단(慰靈壇)에는 독립운동가를 위한 위국절사 영현비(英顯碑), 전사한 군경을 위한 호국영령 충의비(忠義碑), 제주 4.3희생자를 위한 위령비(慰靈碑)가 나란히 세워져 있다. 현대사에서 이 마을 출신의 희생자들이 유독 많았던 까닭에 마을 사람들은 공동의 위령제단을 조성하였다. 죽은 자들 사이에 이념적 적대가 여전히 존재함에도 불구하고 상생과 해원의 장을 차린 것이다. 물론 하귀리 사람들의 염원은 아직 제주도 차원에서도 관철되지 않았다. 국가는 좌익계 사망자를 희생자로 인정하기를 거부하였고 이들의 위패마저 제주 4.3평화공원의 위패봉안소에서 철거하였다. 한반도 전체에서 이질적이고 심지어 적대적인 정체성들마저 포용할 수 있는 세기의 잣대를 확립해야 한다는 마지막 도전이 성큼 다가와 있다.

보훈을
어떻게 가르칠 것인가?

김 선_ 전 한국교육개발원 부연구위원

1. 들어가며

'보훈(報勳)'의 사전적 정의는 '공훈에 보답함'이며 '국가보훈(國家報勳)'과 같은 의미로 사용되고 있다(황미경, 2016: 94). 2010년 보훈교육연구원에서 발간한 보고서에 따르면, 국가보훈은 "국가의 필요 또는 자기 헌신에 의하여 초래된 희생에 대한 국가의 법적, 윤리적 책임의 표현인 동시에 국민 각자의 입장에서는 다른 국민이 자신을 대신하여 희생한 데 대한 보은 의식"으로 정의될 수 있다(형시영 외, 2010: 12). 따라서 국가보훈은 "국가유공자를 비롯한 보훈대상자에게 물질적 보상과 정신적 예우를 보장하는 데 일차적인 목적"이 있지만, 궁극적으로는 "전 국민을 대상으로 국가의 존립, 유지, 발전에 필수적인 나라사랑정신을 함양"하는데 그 목표를 두고 있다(오일환, 2011: 52).

보은의 핵심가치인 나라사랑 정신은 사회적 갈등과 분열을 약화시키고 국민 통합을 위한 중요한 기제로 작용한다. 이는 보훈의 범위는 근대사회의 바탕이 되는 국민국가(nation-state)라는 틀 안에서 작용할 수밖에 없고, 보훈교육 또한 국민국가의 체제 하에서 이루어질 수밖에 없다는 한계를 드러내기도 한다. 에릭 홉스봄(Eric J. Hobsbawm)은 국민국가를 형성하는 하나의 '민족'이라는 정체성이 역사적으로 근대적 영토 국가, 민족 국가가 성립하면서 함께 등장한 것으로 본다. 결국 민족이 국민국가의 정체성을 만든 것이 아니라 민족주의라는 국가의 정체성이 한 국가의 '민족'이라는 공동체적 일체감의 인식을 만든다는 것이다. 이와 같은 맥락에서 미국의 역사학자인 베네딕트 앤더슨(Benedict Anderson)은 민족공동체에 대한 역사적 정의를 '상상의 공동체'(imagined community)라는 용어로 설명했다(Anderson, 2006). 즉, 중세시대의 구심점이었던 종교가 쇠퇴하고 실재했던 공동체가 해체되면서 개인의 익명성이 두드러지게 되는데, 근대사회에는 인쇄 자본주의(print capitalism)를 통해 신문과 소설 등의 매체로 익명의 개인 간에 '상상 속의 기반'이 만들어진다는 것이다. 그 결과 같은 시간과 공간을 공유하는 민족으로 이루어지는 '상상의 공동체(imagined community)'에 대한 소속감이 형성된다고 보았다. 이러한 인식하에서 민족 정체성 및 나라사랑 정신에 입각한 보훈교육은 현재뿐 아니라 미래 세대에게 '민족'에 대한 소속감을 강화하고, 이는 공동체에 대한 책임감으로 연결될 수 있는 필수 불가결한 요소라고 할 수 있다.

세계화 및 정보화 시대인 오늘날에는 문화적 민족적 다양성 및 교류 협력이 강조되기 때문에 "과거처럼 민족 외부를 배타적으로 타자화하는 모습의 과거 정체성에서 벗어나 문화적 다양성을 인정하고 공존을 모색하는 미래지향적 정체성"이 필요하다 (오일환, 2011: 64). 같은 맥락에서, 유발 하라리는 민족주의에는 "인간의 공감 반경을 확장하는 장점"이 있다고 지적하면서, 민족주의의 순기능에 대해서 다음과 같이 말한다. "온건한 형태의 애국심은 인간의 창조물 중에서도 가장 자애로운 것에 속한다. 내 민족은 독특하고, 충성할 가치가 있으며, 나는 다른 구성원들에 대한 특별한 의무가 있다고 믿으면, 남들을 배려하고 그들을 대신해 희생하려는 마음이 생긴다." 하지만, 민족주의적 고립의 시각을 경계하면서 핵무기의 도전(the nuclear challenge), 생태학적 도전(the ecological challenge), 기술적 도전(technological challenge) 등은 한 나라가 해결할 수 있는 초국가적 상상력(공동의 적에 대응하기 위한 공동의 정체성)을 위한 '글로벌 정체성(global identity)'이 필요하다고 설파했다(Harari, 2018: 110-126). 이에 보훈교육은 필연적으로 문화 민족주의적 성격을 띨 수밖에 없지만 새로운 시대에 맞는 '열린 민족주의'를 지향해야 한다. 이질적 타자와 타문화를 수용하고 용인하는 관용의 정신을 바탕으로 타자 배제적인 민족주의를 지양하는 것이 열린 민족주의이다. 이러한 열린 민족주의를 바탕으로 세계 문화를 수용하여 우리 민족의 문화를 가지고 세계인에게 도움을 주는 사명을 추구하는 보훈교육은 "독립, 호국, 민주라는 세 축 간의 균형"을 통해서, "독립과 호국 유공자를 지속 발굴하고 지원하면서 초연결 시대 민주적 가치를 화합적으로 결합"시킴으로써 "남북, 아시아, 나아가 세계가 상생적으로 연결되는 보훈의 미래"를 그린다(이찬수, 2020).

그러면 이토록 중요한 '보훈을 어떻게 가르칠 것인가'는 중요한 과제가 아닐 수 없다. 보훈의 교수법(pedagogy)에 대한 고찰에 앞서, 먼저 국내의 보훈교육과 관련된 논의를 간단히 살펴볼 필요가 있다. 교육학계에서 보훈교육은 주로 안보교육 및 통일교육의 프레임과 연계하여 연구되었는데, 대표적인 연구에는 안성호(2011), 정경환(2015), 임상순(2016) 등이 있다. 안성호(2011: 138)는 안보교육의 측면에서 청소년들의 보훈 안보 인식과 북한에 대한 인식을 제고하는 방안의 일부로 보훈교육연구원을 비롯한 국가보훈처에서의 보훈안보교육을 강화할 것을 촉구하며, 6.25

전쟁을 경험하지 않은 세대이자 "IT, BT 강국으로서 풍요 속에 지내는 청소년들의 눈높이에 맞추어 미래지향적인 안보의식과 애국심을 재고"할 것을 주장했다. 정경환(2015)도 비슷한 맥락에서 국가보훈과 통일교육 이념 간의 상관성을 밝히고 공통의 정신인 대한민국의 정체성 확보 및 "우리의 역사와 민족성과 문화에 대한 강한 자부심으로 출발하여 우리 민족을 수호해야 한다는 의지"를 고취시키는 민족수호 의지론으로서의 보훈교육을 설파했다. 임상순(2016:1) 역시 안보교육의 맥락 안에서 보훈교육이 6.25 전쟁 참전 유공자들이 보여준 "나라사랑 정신을 온 국민, 특히, 자라나는 청소년들에게 확산시키는 '보훈문화 패러다임'"을 강화시키고 발전시키는 방향으로 나아가야 한다고 주장했다.

한편, 박찬석(2015), 남호엽(2001)의 연구는 특정 교과 안에서 보훈교육을 어떻게 적용시킬 수 있는가를 다루었다. 박찬석(2015:94)은 도덕과에서 이루어지는 보훈교육의 실태를 파악하여, "우리 사회의 개인, 사회, 국가적인 도덕 갈등 문제에 대해 애국심을 통합적으로 파악"하고 "호국 보훈의 인식에 대해 상당한 보수와 진보를 망라하여" 통합적이고 개방적이며 융합적인 논의를 전개했다. 남호엽(2001)은 지리과에 대한 교육에서, 더 구체적으로는 공간 스케일의 관점에서 보훈교육을 분석하였는데, 어린 이들 및 청소년들이 가지고 있는 시민적 자질이라는 마음의 상태가 어떤 교육적 기제 및 학습의 구조를 통하여 발전할 수 있는지에 주목하여 보훈교육을 파악하고자 했다. 이렇듯 국내에서 행해진 보훈교육에 대한 대부분의 연구는 대한민국의 통일/안보 문제와 연결시키든지 아니면 도덕과나 지리과라는 특정 학과목의 틀과 연계하여 논의하였다. 따라서 보훈교육의 보편적이고 내재적인 속성, 즉 보훈의 개념에 대한 심도 있는 논의 및 여기에서 파생된 교육학적인 의미나 교수법에 대한 고찰은 없었다고 할 수 있다. 이에 본고에서는 보훈의 개념을 철학적이고 보편적인 관점에서 분석하고, 이에 의거해 국제적인 맥락에서도 통용될 수 있는 교수 방법론의 측면에서 보훈교육이 나아갈 방향을 고찰해 보도록 하겠다.

2. 열린 민족주의와 애국심(Patriotism)

미래지향적인 정체성을 형성하기 위한 보훈교육은 결국 열린 민족주의를 바탕에 둔다. 열린 민족주의는 나라사랑 정신 혹은 애국심(patriotism)에서 국가에 대한 무조건적인 헌신을 강요하는 도덕적인 색채를 배제하고 시민적 덕성(civic virtue)의 하나로서 바라볼 수 있는 관용적인 자세를 가능하게 한다(Gutmann, 1999). MacIntyre는 애국심(Patriotism)을 "충성심(loyalty)을 보여주는 덕목(virtue) 중에 하나로써," 마치 아이가 부모의 사랑에 감사하듯 한 개인이 국가에게 받은 소유물에 대한 감사의 정서를 나타낸다고 주장한다. 이러한 의미에서 애국심은 그 자체에 본질적인 선을 담고 있기보다는 그것이 구현되는 환경과 맥락에 따라 그 가치가 달라지는 특성을 가지며, 이는 다른 종류의 시민적 덕목과 마찬가지로 민주주의적인 환경 및 분위기, 즉 "민주주의적인 전제를 따르는 사람들의 그룹에서 가장 잘 구현"될 수 있다(Ben-Porath, 2007: 7). 이러한 이유로 애국심 혹은 나라사랑 정신은 필연적으로 시민 사회 및 민주적 거버넌스가 뒷받침이 되었을 때만 그 가치를 발할 수 있으며, 나라사랑 정신을 구현하는 보훈교육이야말로 이러한 민주주의적이며(democratic) 자유주의적인(liberal) 가치 및 방법론을 함유해야 한다.

Primoratz(2002)와 Beinart(2008)는 애국심에도 두 가지 큰 종류가 있다고 주장한다. 보수적인 색채를 띠는 애국심은 종교적 믿음, 애국적인 상징들, 도덕, 정의, 책임, 충성 등을 강조하는 반면에, 자유주의적인 애국심은 자유, 다문화, 언론의 자유 등을 강조

한다 (Platt, 2013: 3). 비슷한 맥락에서 Westheimer (2006)은 애국심 (Patriotism)을 다음의 표와 같이 분류하였다.

Table 1 : 애국심의 정치 (The Politics of Patriotism)		
이데올로기	권위주의적인 애국심(Authoritarian Patriotism) ● 자국이 타국보다 본질적으로 우위에 있다고 믿는 신념 ● 국토, 출생시민권, 법적시민권, 정부에 대한 무비판적인 충성 ● 질문하지 않으면서, 리더에 대해 무조건적으로 충성함 ● 국가에 내재된 단점과 사회적인 불화를 보지 못함 ● 순응주의자: 반대 의견을 위험하고 위협적이라고 느낌	민주주의적인 애국심(Democratic Patriotism) ● 자국의 이상(ideals)에 대한 존경과 칭찬 ● 민주주의의 기저를 이루는 원칙들에 대한 충성 ● 질문하고, 비판하며, 사색함 ● 자유, 정의 같은 구체적인 원칙에 의거해서 타인을 돌봄 ● 자국내에 있는 단점에 대해 솔직하게 비판 ● 반대 의견에 대한 존중 및 격려

출처: Westheimer, J. (2006). Politics and patriotism in education. *Phi Delta Kappan*, *87*(8), 608-620. 610쪽.

표에서 대조적으로 보이는 바와 같이 보수적이고 권위주의적인 애국심이 질문과 사색 그리고 반대 의견이 결여된 무비판적인 충성이라는 특징을 갖는다면, 민주주의적이며 자유주의적인 애국심은 애국심 그 자체보다는 그것이 이루고자 하는 다른 이상과 덕목 그리고 원칙에 주목하며 이를 위해 반대 의견을 적극적으로 수용하며 비판적으로 성찰을 하는 특징을 갖는다고 할 수 있다.

3. 대화(Dialogue)로서의 보훈교육

앞에서 논의한 자유주의적이며 민주주의적인 애국심(liberal democratic patriotism)은 교육학적으로 어떠한 의미가 있을까? 프랫(Platt) (2013: 3)은 "자국의 가치와 역사, 문화, 전통을 정직하고 공평하게 성찰하며 평가할 수 있는 능력"을 가진 비판적인 애국심(Critical Patriotism)의 함양이 필요하다고 주장한다. 이러한 비판적인 애국심은 국민국가의 경계를 뛰어넘어 학생들로 하여금 좀 더 거시적이고 국제적인 이슈와 관점 속에서 각 국가들의 덕목과 부조리들을 진중하게 탐구하며 토론하면서 거꾸로 자국의 위치와 상태를 점검할 수 있게 한다. 이러한 관점에서, 비판적인 애국심을 위한 훈련 및 교육은 세계시민교육과도 깊은 연관을 맺는다. 미국의 법철학자이자 교육철학자인 마사 누스바움(Martha Nussbaum)은 세계시민교육에서 큰 파장을 불러일으킨 인간성 수업(Cultivating Humanity)(1998)이라는 책에서 현재 우리가 살고 있는 세계화된 시대에 가장 필요한 세 가지 능력이 다음과 같은 것이라고 주장한다.

(i) 자신이 속해 있는 전통에 대해 비판적으로 고찰할 수 있는 능

력(the examined life),

(ii) 살고 있는 지역과 소속을 뛰어넘어 스스로를 전 지구적인 의미의 세계시민(the world citizenship)으로 간주하고 소통할 수 있는 능력,

(iii) 자신과 다른 사람의 입장에서 사고하고 느낄 수 있는 능력(narrative imagination).

이처럼, 누스바움(2006)은 경제발전과 물질적 번영을 위해 국가 교육제도가 과학과 기술 교육을 강조하는 것도 중요하지만, 문학, 예술, 철학, 역사와 같은 교양교육을 통해서 상대방을 배려하고 이해할 수 있는 자질을 기술적인 지식 습득 전에 고양시키는 것이 선행되어야 한다고 주장한다.

이러한 다면적인 사회-정서적 능력 및 공감 능력 배양을 통해 학생은 건강한 관계를 형성하며 일상에서 구체적인 행위를 결정하고 실행하는 내적인 힘을 가지게 된다. 파커 파머(Parker Palmer, 2011)는 이러한 내적인 힘을 '마음의 습관'이라고 명명하면서 마음의 습관을 "총체적 앎의 경험을 총합하여 세계와 타자를 받아들이고 해석하는 관점"으로 정의했다. 이는 학교에서 일어나는 학생과 학생 간의 소통, 그리고 학생과 교사 간의 소통이

단순히 표준화된 지식을 습득하고 평가하는 것을 넘어, 인격과 인격이 만나는 유기적인 관계에 따라 변화하게 됨을 의미한다.

기존의 교사와 학생의 관계를 정의했던 일방향적이고, 지식전달 위주의, 도덕적인 색깔을 띤 교육이 보수적이며 권위주의적인 보훈교육을 의미했다면, 자유주의적이며 민주주의적인 보훈교육은 "학습자들과 교사들이 창조적으로 유기적인 지식 세계를 탐험"하면서 일방적 소통이 아니라 상호작용(interaction)으로 이루어지는 대화적 교육 과정을 추구한다. 이와 같은 환경 속에서 교육은 파울로 프레이리(Paulo Freire)가 비판했던 '은행 저축식 교육(banking education)'이 아닌 교사와 학습자 간의 관계 형성을 통해 학습을 확장해 나가는 '대화 지향적' 교육(dialogue education)과도 맥을 같이 한다. 프레이리 교수법(Freirean Pedagogy)에 따르면, 교사와 학습자는 지식을 같이 창출하는 동료(co-creators of knowledge)로서의 위치를 갖게 되며, 교사는 학습자로 하여금 선별적인 지식을 암기하도록 돕는 지식의 전달자가 아닌 학습자 스스로 새로운 지식을 찾아보고 탐구하게 하는 협력자로서의 역할을 하게 된다. 또한 다양한 각도에서 문제를 생각해 보게 하는 여러 질문들을 던지면서 대화를 이끌어 나가는 가이드 역할도 하게 된다. 다음의 표는 프레이리 교수법에 의거해 애국심, 민족, 국가에 대해 교사가 학생들에게 던질 수 있는 핵심적 질문과 대화를 정리해 놓은 것이다.

Table 2 : 민족, 애국심, 국가에 대해 생각해 볼 수 있는 대화 기제 및 질문들
● 애국심은 너에게 어떤 의미를 가질까? 애국심이 가진 가치 있는 면들은 무엇인가? 애국심이 가진 단점은 무엇인가? 애국심에 대해서 이야기하기 제일 어려운 사람은 누구이며, 왜 그런가? ● 비애국적인 것은 무엇인가? 국가에 대한 비판이 선을 넘을 때는 언제인가? 우리나라에 대해 비판한 내용 중에 나를 제일 속상하게 하는 것은 무엇인가? ● 네가 지지하는 정당이 애국심에 대한 너의 의견에 영향을 끼치고 있나? 네가 지지하는 정당과 다른 의견을 낼 수 있는 자유가 있는가? ● 네가 살고 있는 국가에 대한 신의 관점에 대해 배워본 적이 있는가? ● 타국에 여행을 가 본적이 있는가? 만약 그렇다면, 어떤 문화적인 차이가 가장 드러났었나? 우리나라에 대한 관점이 이로 인해 변화되었나? 만약 다른 나라로 여행을 가 본적이 없다면, 과연 이러한 여행이 우리나라에 대한 나의 관점을 어떻게 바꿀 거라고 생각하는가? ● 계급, 성별, 민족, 인종 등이 어떻게 민족과 애국심에 대한 우리의 개념을 바꾼다고 생각하는가? ● 우리나라 말고 다른 나라의 정치 지도자, 대통령, 국왕들의 이름을 얼마나 알고 있는가? ● 우리나라 말고 다른 나라의 정보 소스 (예컨대, 미디어, 리서치, 개인적인 관계)를 가지고 있는 게 있나? 만약 그렇다면 이런 것들이 너의 세계관을 어떻게 변화시켰는가? ● 우리나라에서 훈련받은 전문가와 외국에서 훈련받은 전문가 중 누구를 더 신뢰하나? ● 교육받으면서 혹은 사회 속에서 외국어에 대한 두려움을 경험한 경우가 있는가? ● 외국인 교사나 교수에게 배운 적이 있는가? ● 너의 국가나 민족이 가지고 있는 자랑스러운 점 혹은 부끄러운 점이 무엇인가? ● 북미, 유럽, 아시아, 중동, 아프리카 지역에서 일어나고 있는 문화적 충돌에 대해 이야기해 볼 수 있나? ● 위에서 언급되지 않은 질문 중에 우리가 민족주의와 애국심을 생각해 보는 데 필요한 중요한 질문이 있는가?

출처: Platt, J. J., & Laszloffy, T. A. (2013). Critical patriotism: Incorporating nationality into MFT education and training. *Journal of Marital and Family Therapy*, *39*(4), 441-456. 11쪽.

위의 질문 목록이 가능한 모든 질문을 망라한 것은 아니지만 대화로서의 보훈교육을 위한 출발점을 삼는 데는 충분할 것이다. 이를 통해 학생들은 기존의 보훈교육의 딱딱하고 당위적이며 도덕적인 느낌 대신 스스로 탐구해 보고 자신이 가진 경험과 연결시켜 보며 국가의 경계를 넘어 확장시킨 세계관으로 끌어올린 다양한 질문들을 던져 보는 데까지 나아갈 수 있다.

4. 미래지향적 보훈교육

열린 민족주의를 바탕으로 한 보훈교육은 결국 학습자들에게 민족의 역사를 주체적으로 해석할 수 있도록 도울 뿐 아니라 실천적인 교육으로서 역사를 적극적으로 해석할 수 있도록 한다. 뿐만 아니라 개인의 탁월한 잠재력을 최대한 계발하게 하고 개인의 행복을 실현하되, 이들의 탁월한 능력과 민족 주체적인 인식으로 국가와 사회발전, 더 나아가 세계시민으로서 세계에 공헌하도록 '봉사하는 시민'으로 육성하는 것을 전제로 한다. 이런 의미에서 애국심은 비단 정치제도 및 조직에 제한된 요소가 아닌 개인의 정체성과도 깊이 관련된다. 즉 국가로부터 여태까지 받은 것에 대한 감사와 이에 합당한 '역사관'을 포괄할 뿐만 아니라 "국가의 구성원인 국민(fellow countrymen)들과 공유된 목표와 과제에 참여하는 것을 약속"하며 기대하는 미래관도 포함하고 있는 것이다(Ben-Porath, 2007:7). 이는 유명한 미래학자인 앨빈 토플러(Alvin Toffler)가 『미래를 위한 교육(Learning for Tomorrow)』(1974)이라는 책에서 제시한 교육의 목표와도 연관된다.

모든 교육은 미래에 대한 상상으로부터 탄생했으며, 모든 교육은 미래에 대한 환상을 창조한다. 따라서 모든 교육은 의도하든 그렇지 않든 간에 미래를 위한 준비일 수밖에 없다. 우리가 현재 준비하고 있는 미래를 이해하지 않는 한, 우리가 가르치고 있는 학생들에게 심각한 해를 초래할 수 있다.

이는 자유주의적 민주주의적 정신을 담고 있는 보훈교육 역시 청년과 청소년들이 가진 미래에 대한 불안과 두려움에 관심을 두고, 그들의 생각을 적극적 수용하여 교육 과정에 포함시켜야 함을 의미한다. 예컨대, 보울딩(Boulding)은 세계시민교육에서 사회적인 상상력(social imagination)의 역할을 고찰하면서 '사람들이 적당하게 용이한 환경에서는 희망적인 미래를 그릴 수 있는가, 그리고 그러한 상황에서 생성되는 미래상은 어떤 것이 있는가'에 대한 질문을 가지고 다음과 같은 주제에 대해 학생들로 하여금 생각해 볼 것을 촉구하였다.

〈그림 1〉 미래상 그리기

환경	•깨끗한 공기와 물, 나무, 야생 동식물, 꽃
유쾌함	•협동적인, 여유가 있는, 행복한, 배려하는, 웃음
수송	•차, 오염이 없음, 대중 교통, 자전거
평화	•폭력적인 다툼이 없음, 안보, 전세계적인 조화
평등	•가난이 없음, 모두를 위한 공정한 분배, 기아가 없음
정의	•사람과 세상을 위한 평등한 권리, 차별이 없음
공동체	•지역사회 중심의, 소규모, 친절한, 단순한, 공동체 의식
교육	•모두를 위한, 평생 교육, 전인적인, 공동체 중심의
에너지	•적은 소비, 재생 가능한 깨끗한 원료
일	•모두를 위한, 만족스러운, 공유하는, 더 적은 노동 시간
건강	•더 나은 보건 의료, 대체 의학, 더 긴 수명
음식	•유기 농법, 지역 생산, 균형잡힌 식단

출처: Hicks, D. (2004). Teaching for tomorrow: how can futures studies contribute to peace education?. *Journal of Peace Education*, *1*(2), 165-178. P.174

위의 주제를 기초로 하여, 학생들은 다양한 각도로 자신이 속한 사회의 미래상을 그려보게 되는데, 다음의 표는 이러한 주제를 보훈교육적인 측면으로 탐색해 보면서 던질 수 있는 질문들을 정리한 것이다.

Table 3 : 민족, 국가에 대한 미래상 그리기
●학생들이 개인적으로 전세계적으로 가지고 있는 미래상은 그들의 민족, 국가, 그리고 애국심에 대한 이해에 어떠한 영향을 미치는가?
●지역적인 수준과 세계적인 수준에서 학생들이 가지고 있는 긍정적인 평화의 상은 무엇인가? 이러한 작업을 통해 학생들은 어떤 자율권(empowerment)을 얻을 수 있는가?
●더 평화적인 미래를 위해 교육가들이 지역적인 수준, 국가적 수준, 세계적인 수준에서 만들고 있는 여러 가지 시나리오는 무엇인가?
●학생들이 중요하다고 생각하는 희망적인 미래를 함께 그릴 수 있도록 도와주는 기회들은 무엇이 있는가?

위의 질문들을 체계화하여 다음과 같은 교육 과정으로 만들 수 있다.

〈그림 2〉 미래상을 바탕으로 한 보훈교육 과정

위시리스트(wish list)	●학생들이 자신들이 선호하는 미래에서 보기 원하는 모습을 찾기
어릴적 기억(childhood memory)	●그러한 희망을 갖게 되었던 과거의 기억을 떠올리기
미래로 전진(stepping into the future)	●교사의 지도 아래 선호하는 미래상의 세부 목록 그리기
미래상을 나누기(sharing images)	●미래상을 소그룹으로 공유하고 종이에 서술
세계의 구성(world construction)	●공유된 시나리오를 개발
역사를 기억하기(remembering history)	●미래상을 바탕으로 역사를 재해석
실행계획(action planning)	●선호하는 미래상을 이루기 위해 필요한 구체적인 단계를 만들기

출처: Hicks, D. (2004). Teaching for tomorrow: how can futures studies contribute to peace education?. *Journal of Peace Education*, *1*(2), 165-178. P.173

이렇듯 다양한 교육적인 방법을 활용하여 학생들로 하여금 보훈교육의 대상으로서가 아닌 주체로서 국가와 민족에 대한 미래상을 그리게 하여, 이를 보훈교육 과정 속에 포함시킬 수 있다. 더 나아가 이를 위해 실생활 속에서 실천할 수 있는 방안까지 만들어 보게 할 수 있다. 더욱이 국제적으로는 남북 분단이라는 심각한 문제를 안고 있고, 국내적으로는 청년 실업 및 양극화 심화라는 문제를 겪고 있는 우리 청년 및 청소년들에게도 보훈교육을 실행함에 있어, 이들이 가진 한반도를 둘러싼 국제 및 국내 미래상에 대한 고찰이 현 시점에선 꼭 필요하다고 할 수 있다.

5. 맺는 말

자유주의적이며 민주주의적인 보훈교육에 대한 교육학적 고찰하면서, 필자는 어쩌면 정치적인 영향보다 더 중요한 요소는 우리 사회와 우리 교육의 다양성과 다면적 사고를 강화하는 것이 중요한 과제라는 생각이 들었다. 특별히 한국에서 실시하는 시험의 성격은 객관식 위주의 표준화된 시험이 지배적인 평가의 기재이며, 이를 위해 학생들이 지식을 습득하는 방식이 교사로부터의 일방향적인 주입식 수업이 학습의 주류 모델인 현실과 잇닿아 있다. 이와 같은 교육적 상황은 '지식'을 단일적이고 피상적으로 인식하게 할 수밖에 없고, 민족, 국가, 애국심에 대한 '지식' 또한 같은 방식으로 수용할 수밖에 없다고 하겠다.

결국, 거시적인 평가의 패러다임과 입시 위주의 교육 문화 등 '단면적인 사고'를 조장하는 우리 교육의 패러다임에 대한 재고 없이는 다음 세대에 대한 보훈교육의 발전도 한계가 있을 수밖에 없다. 본고에서 주장한 미래지향적 보훈교육은 우리가 아직 가 보지 않은 미지의 세계에 대한 다양한 상상력과 창의성을 바탕으로 학생들에게 국가, 민족, 사회라는 거시 담론을 토론하고 대화해 보는 데 발휘할 것을 요구한다. 이를 위해서 교과서의 내용적인 변화뿐만 아니라 교육 방식과 평가의 변화도 함께 이루어져야 하며, 이를 가능케 하는 교육 환경의 변화가 필수적이라고 할 수밖에 없다. 따라서 거시적인 틀에서 교육 환경이 변화할 때만이 본고에서 주장한 상상력을 동원한 대화지향적, 미래지향적 보훈교육 모델도 실효성 있게 자리 잡을 수 있다.

2030 세대의
통일의식과 보훈

: 애국심의 의미와 역할 탐색

김 희 정_ 인하대학교 초빙교수

1. 2030 세대의 애국심과 통일의식

최근 젊은 세대를 중심으로 '국뽕'이라는 속어가 유행어처럼 퍼졌다. 이는 무조건적인 애국심과 국가 자부심(national pride)을 강조하고 조장하는 행동을 하거나 애국적 요소를 비난하고 깎아내리는 상황에서 사용된다. 이처럼 과도한 국가 자부심과 애국심을 보여주거나 비하하는 '국뽕'과 대척점에 있는 단어는 '헬조선'이다. 헬조선은 한국 사회의 부조리한 모습을 비유한 신조어로 '지옥 같은 한국 사회'라는 의미이다.* '국뽕'과 '헬조선' 논란은 애국주의와 반국가주 사이의 어느 지점에 서 있는 현대 시대를

---

* 시사상식사전. 2020.12.17. 인출
  https://terms.naver.com/entry.nhn?docId=3334420&cid=43667&category
  Id=43667

살아가는 젊은 세대의 세태를 보여준다.

역사적으로 2030 세대는 기성사회의 목소리와는 다른 '신세대'
로서의 정체성을 보이며 사회 변화의 주축으로서 역할을 해 왔
다. X세대, Y세대에 이어 Z세대에 이르기까지 각 시대를 대표하
는 젊은 세대는 사고, 태도, 감정에서 해당 세대만의 특징을 보
였으며, 이들이 40대, 50대가 되어서도 특정 정체성을 유지하면
서 변화되었다. 예를 들어, X세대는 무관심, 무정형, 기존 질서
부정 등을 특징으로 하는 1966-1976 사이에 출생한 세대를 의미
하며 이들은 경제적 풍요 속에 성장하였으며 주위의 눈치를 보
지 않는 개성과 감각의 문화 소비자로 부상하였다.*

우리 사회가 2030 세대의 특징을 분석하고 관심을 가져야 하
는 이유는 2030 세대가 통일의 미래세대이자 이들의 통일에 대
한 생각과 태도가 사회변화의 주요 동인이 된다는 점이다. 또한
2030 세대를 포함한 각 세대가 형성한 정치 사회적 정체성과 특
성 차이가 통일을 포함한 사회적 이슈에 대한 갈등과 분열의 원

---

* 상담학 사전, 2020.12.04. 인출
  https://terms.naver.com/entry.nhn?docId=5677628&cid=62841&category
  Id=62841

인이 될 수 있다.

2030 세대의 통일에 대한 무관심과 부정적 인식에 대한 우려의 목소리가 제기되었다. 이러한 특징은 2030 세대가 경험했던 남북관계의 사건, 그리고 2030 세대가 받은 통일교육과도 무관하지 않다. 20대의 경우 이들이 가치체계를 형성하는 청소년기에 경험한 북한 관련 사건은 1999년과 2002년 서해해전, 2008년 금강산 방문객 피격 사건, 2010년 천안함 폭침 및 연평도 포격 사건, 2006~2017년 사이 6차례의 북한 핵실험과 미사일 실험 등 대부분 부정적인 것이었다.* 이러한 배경 이외에도 2030 세대가 학교 및 사회에서 주로 기억하고 있는 통일교육으로는 「반공 및 안보교육」의 비율이 가장 높았다.** 통일의식조사 결과에서 2030 세대의 통일에 대한 필요성 인식이 다른 연령대에 비해 현저히 낮으며 통일에 대한 보수화 현상과 같은 특징을 나타내고 있어, 이러한 2030 세대를 위해 통일교육의 새로운 방향성을 제시할

---

* 　조정아, 2030 세대의 통일의식과 통일교육의 새로운 패러다임 모색, 통일교육원·한국통일교육학회 공동학술회의, 2030 세대의 통일의식과 통일교육의 새로운 패러다임(2018년 5월 25일).

** 　김희정, 김선, 「세대별 통일의식과 통일교육: 통일의식조사를 중심으로」. 『인문사회 21』. 9(6). 2018, 1643-1654쪽.

필요성이 대두되기도 하였다.[*]

2. 2030 세대의 보훈과 애국심

보훈이 후세대에게 줄 수 있는 주요 가치는 애국심이며 보훈의 역사에서 드러나는 '공동체를 위한 헌신'이라는 가치이다. 국가가 외부 세력으로부터 현시적 위협에 직면했을 때 '목숨을 걸고 나라를 끝까지 지키겠다는' 호국정신과 이러한 국가에 대한 헌신을 잊지 않고 보답하는 보훈의 가치는 국가를 유지하고 지탱하며 공동체 구성원들의 국가 정체성과 애국심에 기여한다. 공동체에 대한 심리적인 애착과 이에 대한 자부심은 국가의 위기와 재난 속에서 그 힘을 발휘한다. 최근 코로나 19의 방역 및 대응 과정에서 우리나라 국민이 각자 자신이 처한 곳에서 성숙된 시민의식을 보여주고 이러한 공동체 의식이 SNS 등을 통해 공유되면서 해외 주요 언론에서 높이 평가되기도 하였다.

---

[*] 김희정, 김선, 2018, 위의 논문.

국가 자부심 및 애국심은 국가 그 자체에 대한 사랑 및 헌신을 보여주는 지표가 될 수 있다는 점에서 선행연구에서는 민주주의 및 시민적 덕성*으로, 또 통일인식과의 관계 선상에서 논의되었다. 구본상, 최준영(2019)은 국민의 통일인식을 분석하여 자부심이 강할수록 국가 통합에 대한 긍정적 시각을 가지고 통일이 필요하다고 생각하는 경향이 뚜렷하며 통일과 관련한 비용 문제도 긍정적으로 보는 경향을 보여주었다. 윤광일(2018)은 국가에 대한 애국심이 높아질수록 북한을 경계 또는 적대 대상으로 생각하기보다 지원 혹은 협력 대상으로 평가하는 경향을 나타냈다고 밝혔다. 이러한 결과는 내셔널리즘, 맹목적 애국심과 자부심은 통일의식과 유의한 관계가 없지만 건설적인 애국심은 통일에 대한 긍정적인 영향을 미치는 요인임을 보여준다.

2030 세대의 보훈교육은 주로 안보 의식 중심의 교육으로 이루어졌으나 안보 개념의 변화와 평화교육의 강조 등 새로운 변화가 감지되고 있다. 6.25 전쟁과 휴전, 그리고 이후에도 북한의 무력도발이 발생하는 한반도 상황에서 국가와 국민을 지키고 안

---

* 박동준, 송선영, 박균열, 「현대 한국인의 국가공동체 의식」, 『윤리연구』 96, 2014, 1-24쪽.

전을 보장하기 위해 희생한 호국 보훈을 강조하는 교육은 중요한 역할을 담당했다. 그러나 최근 미중 무역 마찰과 대립 등 국내외 상황에 따른 안보 환경의 변화로 인해 안보의 대상과 범위, 수단 등에 대한 새로운 시각이 제시되었다. 안보의 대상이 국가 중심이었던 과거 국가 안보에서 탈피하여 개인이나 공동체를 안보의 대상으로 보는 인간안보가 등장한 것이다.* 또한 전통적 안보교육 위주의 통일교육이 북한에 대한 적대감을 높이고 통일에 대해 오히려 부정적 태도를 높인다는 지적에 따라 평화를 강조하는 통일교육으로 변화하고 있다.

이러한 변화 속에서 본 연구는 보훈과 통일의 접점을 찾고자 2030 세대의 통일의식을 살펴본다. 해당 연구 결과에서 2030 세대의 통일 의식의 특성을 이해하고 변화하는 환경 속에서 보훈의 주요한 가치인 애국심의 의미와 역할은 무엇인지 고찰하고자 한다.

---

* 서보혁, 「인간안보에 있어서 국가의 역할 연구」, 『동북아연구』 27(2), 2012, 73-100쪽.

3. 2030 세대의 애국심과 통일의식 실태

본고에서는 2030 세대의 애국심과 통일의식 실태를 확인하기 위해 2019 통일의식조사 데이터를 사용하였다. 통일의식조사는 서울대학교 통일평화연구원이 2007년부터 통일 문제와 관련된 다양한 영역에 대한 국민들의 인식과 태도, 지향이 해마다 어떻게 달라져 오고 있는지 그 경향과 흐름을 분석하여왔다. 이 연구의 대상은 전국 16개 시·도, 만 19세 이상 74세 이하 성인 남녀를 모집단으로 하며 표본 크기는 총 1,200명이다. 표본 추출방법은 다단계 층화 계통 추출법을 사용하였으며 표본 오차는 ±2.8%(95% 신뢰 수준)이다.

2030 세대의 통일의식을 살펴보기 위해서 통일의식조사 문항 중 통일의 필요성, 통일의 이유, 통일의 이익(자기/국가), 애국심(국가 자부심)과 관련된 문항을 분석하였다. 여기서 애국심(국가 자부심) 문항은 2019년 조사 뒤 2020년 설문에서는 조사되지 않아 본 연구에서는 2019년 조사결과를 부득이하게 사용하였다. 응답한 자료의 통계적 분석을 위해 PASW21(SPSS Inc., Chicago, IL) 프로그램을 사용하였다. 먼저 해당 변인에 대한 빈도와 백분율을 구하고, 전반적 경향을 살펴보기 위해 평균과 표준 편차를 알

아보았다. 응답은 역코딩하여 해당 점수가 높을수록 해당 의식이 강한 것을 의미하도록 하였다. 2030 세대를 다른 연령대와 비교하여 살펴보기 위해 타 연령대 수치도 함께 살펴보았다.

1) 2030 세대의 통일의 필요성과 이유

2030 세대의 통일의 필요성을 살펴보기 위해 "남북한 통일이 얼마나 필요하다고 생각하십니까?"라는 응답에 대해 1점 '전혀 필요하지 않다', 2점 '별로 필요하지 않다', 3점 '반반/그저 그렇다', 4점 '약간 필요하다', 5점 '매우 필요하다'로 통일의 필요성을 측정하였다. 〈그림 1〉은 2007-2019년 기간 동안 연령대별 생각하는 통일의 필요성을 시계열적으로 나타내는 그래프이다. 2019년 2030 세대의 경우 평균 3점 정도를 나타내 통일의 필요성에 대해 그저 그렇다는 수준을 보여준다. 조사를 시작한 2007년도 이래로 통일의 필요성에 대한 연령대별 차이는 지속되어 왔는데, 2030 세대의 경우 전 연령대 중 가장 낮은 수치를 보여왔다. 2018년 남북정상회담의 성과와 평화 무드로 인해 통일에 대한 필요성이 급격하게 상승하는 변화가 나타났지만 2019년 남북관계가 답보상태에 머물면서 다시 하락하였다.

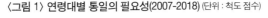

〈그림 1〉 연령대별 통일의 필요성(2007-2018) (단위 : 척도 점수)

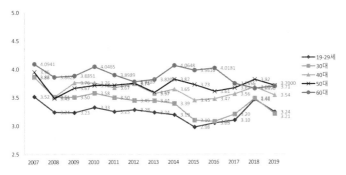

※ 1점 : 전혀 필요하지 않음-5점: 매우 필요함

연령대별 통일의 이유를 살펴보기 위해 "우리나라가 통일이 되어야 하는 가장 큰 이유가 다음 중 무엇이라고 생각하십니까?" 의 질문에 대한 응답으로 〈그림 2〉에서와 같이 전 연령대가 '남 북 간의 전쟁 위협 해소'와 '같은 민족'을 제외한 나머지 문항에 대해서는 유사한 순서와 비율로 나타났다. 20대의 경우 '남북간 의 전쟁 위협 해소'가 '같은 민족'보다 높은 반면, 30대의 경우 '같 은 민족'이 소폭 높았다. 20대의 '남북 간의 전쟁 위협 해소'는 전 연령대에서 가장 높게 나타나 20대가 분단으로 인한 전쟁 위협 을 가장 민감하게 인식하고 있는 것으로 보인다.

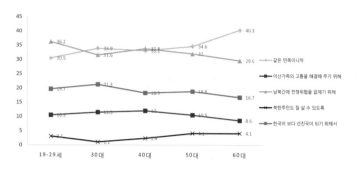

〈그림 2〉 연령대별 통일의 이유(2019)(단위: %)

2) 2030 세대의 북한 위험성 인식

2020 세대의 북한에 대한 위험성 인식을 살펴보기 위해 무력 도발 가능성과 북한의 핵무기 보유에 대한 인식을 살펴보았다. 무력 도발 가능성은 "○○님은 앞으로 북한의 무력 도발 가능성이 얼마나 있다고 생각하십니까?"라는 질문에 대해 〈그림 3〉처럼 30대(61.5%)〉20대(58.1%)〉50대(56.8%)〉40대(55.4%)〉60대(53.7%) 순으로 30대와 20대가 가장 높았다.

북한의 핵무기 보유에 대한 위협감은 "○○님은 핵무기 보유에 대해 얼마나 위협을 느끼십니까?" 라는 질문에 대해 전 연령대에서 70% 이상 위협을 느끼는 것으로 나타났으며 30대는 79.8%로,

20대는 78.7%로 60대 다음으로 북한의 핵무기 보유에 대한 위협감이 높았다.

이처럼 2030 세대는 북한의 위험성을 높게 인식하고 있으며 이러한 불안은 앞서 통일의 이유 중 "남북 간의 전쟁 위협 해소"가 가장 높았던 것과 연결된다.

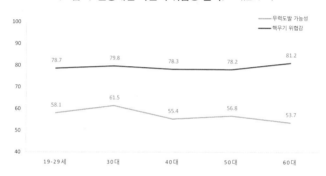

〈그림 3〉 연령대별 북한의 위험성 인식(2019)(단위: %)

3) 2030 세대의 통일의 이익 인식

우리 국민들이 통일이 남한에 이익이 될 것이라고 생각하는 응답은 50대(66%)〉 40대(65.5%)〉 60대(64%)〉 20대(56.5%) ÷ 30대(56.1%) 순이며 통일이 자신에게 이익이 될 것이라고 생각하는 응답은 50대(37.8%)〉40대(31.7%)〉60대(29.9%)≒20대(29.9%)〉30대(24.0%) 순으로 나타났다. 이처럼 2030 세대는 통일이 한국과 자신에게 이익이 될 것이라는 인식에서 모든 연령대 중 가장 낮았다. 한편 통일에 대한 필요성 인식과 통일의 기대 이익에 대한 인식 사이에 매우 높은 정적 상관관계가 나타나[*] 2030 세대가 통일의 필요성에 대해 부정적으로 인식할수록 통일이 국가와 자신에게 가져다 줄 이익에 대해서도 부정적으로 인식함을 보여준다.

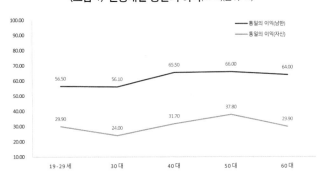

〈그림 4〉 연령대별 통일의 이익(2019)(단위: %)

---

* 김학재 외, 「2019 통일의식조사」, 서울: 서울대학교 통일평화연구원, 2020.

4) 2030 세대의 애국심

본 연구에서 애국심은 "○○님은 자신이 한국인인 것을 어느 정도 자랑스럽게 생각하십니까?"에 대한 질문으로 '매우 자랑스럽다', '다소 자랑스럽다', '별로 자랑스럽지 않다', '전혀 자랑스럽지 않다'의 4점 리커트 척도로 각각 응답한 것을 측정하였다. 국가 자부심과 애국심이 구분되는 개념이긴 하나 국가에 대한 자랑스러움은 애국심을 구성하는 주요 요인 중 하나이므로 본 연구에서 국가 자부심과 애국심을 동일개념으로 조작적으로 정의하고 사용하였다. 조사 결과를 살펴보면, 2007년 이래로 지속해서 우리 국민의 70% 이상이 자랑스럽다고 응답하여 국가에 대한 애국심이 비교적 높게 나타났다. 이는 한국인들은 대다수가 국민으로서, 그리고 정치, 경제, 문화, 역사 등의 분야에서 대한민국을 자랑스럽게 여기고 있다[*]는 타 연구 결과와도 맥을 같이 한다.

2030 세대를 살펴보면, 2020 세대는 타 연령대에 비해 자랑스럽다는 응답이 낮고 자랑스럽지 않다는 응답이 높았다. 특히 30

---

[*] 윤광일, 「국가정체성과 대북태도: 애국심을 중심으로」, 『국방연구』61(3), 2018, 1-31쪽.

대의 경우 국가에 대한 자부심이 약 70%, 자랑스럽지 않다는 응답이 30%로 나타나 전 연령대에서 가장 낮았다. 타 연령대 비교시 상대적인 수치는 낮지만 2030 세대의 70% 이상이 국가를 자랑스럽게 여긴다는 점은 애국심이 통일과 보훈의 영역에 상충되는 난제를 해결하고 기여할 수 있는 가능성과 의미를 갖고 있다고 볼 수 있다.

<그림 5> 국가에 대한 자부심(2019)(단위: %)

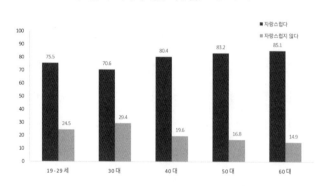

4. 2030 세대의 애국심과 통일의식, 그리고 보훈

앞에서 살펴본 2030 세대의 통일의식을 요약해 보면, 평균적으로 통일의 필요성에 대해 '그저 그렇다'는 수준으로 나타났으며 타 연령대 대비 통일의 필요성 인식이 가장 낮다. 북한에 대한 위험성 인식은 높으며 통일의 이유는 '전쟁위협 해소'가 가장 높게 다음으로 '같은 민족'이니까 순으로 나타났다. 통일의 이익에 대한 기대는 30대가 가장 낮았는데, 특히 자신에 대한 이익에서는 불과 24%만이 이익이 있을 것이라고 응답했다. 국가에 대한 자부심은 타 연령대에 비해 상대적으로 낮았지만 2030 세대 모두 70% 이상이 자랑스럽다고 인식하고 있었다. 그렇다면 이러한 통일인식은 보훈과 관련해서 어떠한 함의를 주는가?

한반도 분단의 역사는 같은 민족에게 총칼을 겨누는 가슴 아픈 역사로 인해 나라를 위해 자신의 목숨을 바치거나 희생한 애국자를 상대방의 입장에서는 명백한 가해자로 만들었다. 이러한 전쟁의 가학성과 폭력성 그리고 군사적 대치 속에서 2030 세대는 어느 세대보다도 높은 비율로 북한을 무력도발과 핵위협을 감행하는 대상으로 여기며 전쟁의 위협에 대해 가장 민감하게 여기는 세대가 되었다.

한반도의 평화와 통일로 나아가기 위해서 애국심에 대한 새로운 접근이 요구된다. 애국심은 '공동체를 위한 헌신'을 주요한 가치로 삼고 있지만, 이러한 애국심이 맹목적이거나 무비판적으로 향할 때 공동체가 내집단(in-group) 편애와 무비판적 동조를 키우고, 갈등하고 반목해 온 외집단에 대해서는 배척과 폄하(out-group derogation)로 이어져 집단 간 갈등 상황을 지속할 수 있다.* 한국은 그동안 분단 상황에서 안보의식을 중심으로 애국심을 고양해 왔으며 북한 역시 애국심을 통치, 체제의 중요한 작동원리로 사용하고 있으며 외집단에 대한 적대감 고양을 통해 체제를 결속하고 인민의 단결을 유도해 왔다.

애국심의 스펙트럼은 넓고 한 공동체에서 형성된 애국심의 의미와 역할에 따라 평가는 양분된다. 국가에 대한 자부심은 국가 공동체의 구성원을 연결해주는 요소이자 해당 공동체의 규범과 이해관계를 공유하며 통합을 유지하는 심리적 접착제 역할을 하며 공동체에 대한 자부심의 강화는 개개인의 공동체에 대한 신뢰와 사회적 책임(social responsibility) 의식을 강화시킨다.** 그러나 자기 국민만을 사랑하는 감정이 지나쳐 타국에 대한 배타적인 감정을 갖는 애국심은 국수주의와 인종주의를 만들어 나치스의 유대

---

* Levinson, Daniel J. "The Study of Ethnocentric Ideology." In The Authoritarian Personality, eds. T. W. Adorno, E. Frenkel-Brunswik, D. J. Levinson and N. R. Sanford (New York: Harper,1950), p.107.

** 정한울, 「'국뽕' 논란과 '헬조선' 담론을 넘어선 대한민국 자부심: 명과 암」, 『EAI 이슈브리핑』, 2020, 1-9.

인 학살, 이스라엘과 팔레스타인 간의 분쟁, 일본의 전쟁 범죄 부인과 역사 왜곡 등 극단적인 비극을 낳게 되기도 한다. 또 국가가 이러한 지나친 국가에 대한 헌신의 감정을 이용해서 기존의 국가 세력을 유지하고 배타적인 집단을 악마화하거나 갈등을 지속하여 국민의 애국심을 정치적으로 이용하기도 한다는 점이다.

윤광일*은 통일이라는 과정 속에서 북한을 나의 정체성의 진정한 일부가 되어가는, 즉 북한을 내집단으로 여기게 되어 자신의 자긍심과 밀접하게 연계되는 과정으로 볼 필요성을 강조하였다. 애국심을 집단 규범으로서 남북한 주민을 하나의 국민으로 통합하게 하는 국가정체성의 주요 요소로 해석할 때 현재 한국인의 애국심이 통일에 대해 긍정적으로 작동할 것이라고 본 것이다. 윤광일의 이러한 논의의 배경으로는 애국심의 대상으로서 국가와 국가가 함축하는 일련의 구성 요소는 역사적으로 고정되어 있거나 당위성을 갖고 있지 않으므로 재구성 과정에 있다는 사실이다. 즉 윤광일은 한국에서 통일을 "애국심의 대상을 정치적으로 또 역사·문화적으로 재구성하는 과정"으로 보았다.

---

* 윤광일, 앞의 논문, 2018.

그러나 그 과정은 쉽지 않으며 남북간의 신뢰 구축을 전제로 한다. 보훈의 대상은 상치되는 본질적인 문제에 직면할 수 있으며 적대적 감정의 문제를 담고 있다. 6.25 전사자의 경우 국가유공자에 대한 입장은 남북의 갈등과 화해의 어려움을 보여주는 난제일 수 있다. 북한의 보훈 가족은 한국에서는 한국에 많은 사상자를 만들어낸 적대적 집단으로 갈등 대상에 대한 분노를 불러일으켜 이러한 감정이 갈등과 폭력, 단절의 사이클을 영속화시키는 역할을 할 수 있기 때문이다.* 이처럼 남북 분단과 한국전쟁 이후 반목과 대결, 그리고 단절되고 적대의 시간을 보낸 남북관계가 남북정상회담의 위로부터 부고된 화해와 평화의 시간만으로 두 체제 내에서 공고화된 적대성을 쉽게 해소하는 것은 쉽지 않으며** 남북 평화 프로세스의 과정에서 신뢰를 기반으로 한 치유와 회복의 과정을 동반해야 함을 의미한다.

또 다른 어려움으로는 한국에서 보훈의 역사와 과거사 인식, 그리고 통일인식이 지극히 정치적으로 쟁점화되면서 보훈과 통

---

* 김희정, 김선, 「세대별 통일교육의 정서적 접근 방식: 정서조절 방식을 중심으로」, 『통일인문학』제76집, 2018, 233-254쪽.
** 윤광일, 앞의 논문, 2018.

일 정책에서 남남갈등이 파생되어 온 것과도 관련된다. 실례로 보훈정책을 분석한 이강수의 연구에서, 1961년부터 2012년까지 역대 정부에서 시행된 보훈정책을 보면 정치 집단의 목적 달성을 위한 선택이 가장 큰 영향을 미쳤다.* 구체적으로, 군사혁명 등을 통해 집권한 정부는 자신의 정통성을 뒷받침할 수 있는 집단을 보훈대상으로 선정하여 시책을 마련하는데 주력하였으며, 민주적 절차를 거쳐 등장한 정부도 자신의 지지 세력에 대한 배려를 보훈정책을 통해 해결하였다고 밝히고 있다. 박현주**는 한국의 현대사가 식민지 지배, 광복, 전쟁, 분단, 군사독재, 산업화, 민주화 등 압축적 성장 과정 속에서 한국 국민의 역사 인식에 있어 지지 정당별로 차이가 있다고 밝혔다. 5.16과 10월 유신은 당시 새누리당 지지자에게 긍정적 평가를, 광주민주화운동은 더불어민주당 지지자에게 긍정적으로 평가되어, 역사 인식이 당파성에 따라 구분되는 상황에서 국민들로 하여금 국가를 위한 헌신을 요청하는 것의 어려움을 나타낸다고 보았다.

---

* 이강수, 「우리나라 역대정부의 보훈정책 결정요인 연구- 1961년 이후 역대 정부의 보훈정책을 중심으로」, 한성대학교 박사학위논문, 2015.
** 박현주, 「지지정당 차이에 따른 보훈의식 영향요인 비교」, 『공공사회연구』 9(2), 2019, 59-82쪽.

우리는 이제 통일이라는 장기적 목표하에 새로운 한반도 공동체에 요구되는 애국심의 의미와 역할에 대해 함께 고민하고 개별 구성원들의 노력을 독려할 필요가 있다. 우선적으로 그동안 통일과 보훈을 정치화하여 사회적 갈등과 반목을 재생산하는 것을 중단하고 공동의 합의된 가치를 협의하고 조율해 가는 과정이 필요하다. 남북한의 가치 갈등과 혼돈을 줄이고 통일 한국을 위한 새로운 애국심의 가치와 프레임을 제시하는 것은 사회통합을 위해 중요할 것이다. 또 다른 문제는 감정의 문제이다. 2030 세대가 북한의 핵과 무력도발에 대해 느끼는 위협감은 남북관계에 지속적인 긴장과 갈등을 야기한다. 남북 간의 실질적인 비핵화와 평화적인 프로세스를 통해 서로 간의 신뢰를 토대로 협력해 나가는 것이 필요할 것이다.

5. 결론 및 제언

본 연구에서는 통일의식조사 결과에서 나타난 2030 세대의 애국심과 통일의식을 분석하여 보훈과 통일교육에서 애국심의 의미와 역할이 무엇인지 탐색해 보았다. 2030 세대가 현재 느끼는 북한의 위협과 불안 등 안보에 대한 위협은 오히려 이들에게 통일의 필요성을 인식하도록 하는 계기가 될 수도 있으나 과도한 불안 감정은 남북한의 신뢰 회복 과정에서 그리고 북한과 협력하고 사회를 통합하는 과정에서 다양한 교육 및 사회적 노력에 의해 해결되거나 회복되어야 할 부분이다. 2030 세대가 보훈과 통일을 연속선상에서 이해하고 더불어 두 영역에 동시에 다가갈 수 있도록 돕는 것이 애국심의 가치이다.

보훈의 가치는 두려움과 공포를 넘어 국가를 위해 희생한 정신에 있다. 이는 구체적으로 국권의 상실, 조국의 광복, 국토방위, 그 밖에 나라를 위해 공헌하거나 희생한 사람들의 정신이다. 보훈의 가치는 한반도가 통일평화공동체를 지향하는 과정에서 새로운 애국심의 가치로 확장해 나갈 필요가 있다. 갈등 대상인 북한과의 화해와 협력을 위해서는 과거 고통의 흔적 그리고 현재에도 진행되는 위협과 갈등으로 야기되는 두려움과 공포를 넘어서야 한다. 이 과정에서 보훈의 정신을 통일 과정에서 발생하는 진통과 갈등을 위해 필요한 애국심으로 확장하는 것이 필요하다. 국가를 위해 두려움과 공포를 이겨낸 애국정신은 통일을 위해 새로운 역할을 담당할 수 있을 것이다. 전쟁을 겪고 오랜 기간 갈등을 겪어온 남북이 통일을 이루는 과정에서 필요한 애국심은 미래지향적 통일평화공동체에 대한 국민 구성원 개개인의 헌신이며 이 헌신에는 과거의 분쟁 역사로부터 내재화된 적대 감정과 불안, 위협감을 안전하고 열린 공간에서 공유하고 치유하는 과정을 포함한다. 이러한 과정은 통일뿐 아니라 장기적으로 통일 한반도가 사회통합을 이루기 위한 혼란과 갈등을 줄이는 단초가 될 수 있다.

보훈의 의미와 가치에 대한 새로운 방향성 제시, 그리고 이에 대한 사회적 고찰과 인식이 필요하다. 국가적 난제와 어려움, 그리고 위기 속에서 국가를 수호하기 위해 바친 국가 구성원의 희생과 헌신, 그리고 숭고한 애국심을 이제는 통일의 과정, 그리고 새로운 통일 공동체가 사회통합을 이루는 데 필요한 가치로 전환하는 노력이 필요하다. 애국심은 보훈의 주요한 정신이지만 통일을 위해서도 중요한 정신이다. 통일평화공동체를 지향하는 애국심이 없이 통일이 이루어지기 어렵기 때문이다. 그러므로 애국심의 새로운 의미와 가치에 대해 사회, 교육, 문화적 차원에서 합의가 이루어질 때 통일 과정에 산적한 문제를 해결하고 사회 통합을 이루어갈 수 있을 것이다.

2030 세대의 통일의식이 남북관계 및 사건에 의해 가장 민감하게 변화해 온 점, 그리고 한국 사회에 대한 2030 세대의 애국심이

70% 이상을 나타낸다는 점은 희망적이다. 2018년 남북한 화해 분위기 속에서 2030 세대의 통일의 필요성이 급격히 상승하였는데 이는 추후 남북한 협력과 화해가 진전될 때 2030 세대가 그 변화에 동참할 가능성이 높다고 볼 수 있기 때문이다. 또 2030 세대의 국가에 대한 애국심과 자부심은 국가가 지향하는 통일 정책과 더불어 관련 기관과 정부 시스템에 대한 사회적 신뢰를 형성하는 데 중요한 역할을 할 수 있다. 더불어 이는 새로운 통일 한국에 대한 신뢰와 공동체 구축에 긍정적인 영향을 미칠 수 있다. 한국 사회는 지난 역사 속에서 세계 어디에서도 유래가 없는 경제 회복과 성장을 이루었으나 이제 분단과 남북갈등으로 파생된 불안과 적대감의 집단 감정을 북한과의 신뢰 관계 구축을 통해 회복하고 통일평화공동체를 구축해야 하는 과제를 안고 있다.

애국심은 체제와 이념, 과거사의 갈등을 미래지향적 사건인 통일로 연결하는 화해의 지점이 될 수 있다. 보훈은 과거 분쟁과 갈등, 그리고 국가적 재난이라는 상처를 이겨낸 "극복의" 가치를 내포한다. 이는 과거와 현재, 그리고 미래의 통일과 사회 통합의 과정에서 부단히 야기될 수 있는 갈등과 분쟁 극복을 위해 요구되는 가치이다. 통일은 갈등을 넘어 화해로 가게 된다. 통일과 보훈이 '통일평화공동체로 나아가기 위한 헌신'이라는 공동의 애국적 가치로 연결될 때 우리 사회가 비로소 극심한 이념의 대립과 분쟁으로부터 벗어나 화해와 회복의 방향으로 나아갈 것이라고 생각한다.

본 연구에서는 보훈의 정신인 애국심이 남북 간의 적대감을 극복하고 통일과 통일 후 사회통합을 이루는 과정 속에서 어떤 의미를 가지며 어떻게 기여할 수 있을지에 대해 살펴보았다. 이러한 논의를 시작한 처음으로 돌아가면, 2030 세대는 '국뽕'과 '헬조선'의 사이의 어느 지점에서 있지만 이들의 애국심은 보훈과 통일의 가치를 통합하는 주요한 동력이 될 수 있다. 그러나 먼저 고려해야 할 점은 이들이 경험한 전통적 안보 위주의 통일 교육, 대부분 부정적인 사건 일색이었던 남북관계, 그리고 이로부터 형성된 통일에 대한 무관심과 북한에 대한 불안의 감정 등은 어찌 보면 합리적인 판단이자 당연한 감정이라는 점이다. 2030 세대에게 통일 및 보훈 교육의 장에서 확장된 애국심의 지식과 가치를 전수하기에 앞서 이들의 통일 관련 경험과 의식에 대한 수용과 이해에서부터 출발해야 한다는 점이다.

[참고문헌]

□ 정의와 보훈 / 전수미

강성록·김세훈·이현엽, 「베트남전 참전 제대군인의 외상후 스트레스 장애 증상에 대한 예측 변인」, 『한국심리학회지 : 임상』 33(1), 2014.

김명수, 「국가보훈제도의 헌법적 고찰」, 『공공사회연구』 6(3), 2016.

김태열·장문선, 「국가유공자 선진의료 구축방안 - 국가유공자 심리적 특성 및 외상후스트레스장애 연구 -」, 『한국보훈학회 학술대회지』 0, 2015.

김형석·신화연·이영자·이용재, 「국가보훈대상자 인구추계 및 보훈급여금 전망 : 코호트요인법을 중심으로」, 『한국보훈논총』 19(1), 2020.

선은애, 「국가유공자 보상의 법 제도적 개선방안에 관한 연구 - 국가유공자 인정을 중심으로 -」, 『토지공법연구』 75(0), 2016.

신은숙, 「대학생들의 국가유공자에 대한 보훈 관련 인식도 연구」, 『한국보훈 논총』 18(3), 2019.

오일환, 「국가보훈과 국가정체성」, 『민족사상』 5(1), 2011.

오진영, 「한국 사회 국가유공자 담론의 활성화 요인에 관한 질적 연구」, 『비 판사회정책(상황과 복지)』 0(23), 2007.

이종환·장문선·김태열, 「특수임무수행자의 심리적 특성과 외상 후 스트레 스 증상에 관한 연구: 월남전 참전군인, 일반인과의 비교」, 『재활심 리연구』 23(1), 2016.

이헌환, 「전환기의 보훈정책 - 국가정체성의 재정립을 위한 시론 -」, 『공법연 구』 47(4), 2019.

정영훈, 「국가유공자에 대한 보상·지원의 헌법적 근거에 관한 검토」, 『법과 정책연구』 16(3), 2016.

정하중, 「국가배상을 받은 군인이 추가로 국가유공자 보상금을 받을 수 있는지 여부 - 대법원 2017. 2. 3. 선고 2014두40012 판결 -」. 『법조』 67(1), 2018.

김연식, 「다원적 민주주의 사회에 국가정체성과 보훈」, 『제9회 2007년 학술논문공모 당선작 보훈학술논문집』 서울: 국가보훈처, 2007.

법원행정처, 『법원실무제요 민사소송 Ⅲ』 서울: 법원행정처, 2007.

서울행정법원 실무연구회, 『행정소송의 이론과 실무, 개정판』, 서울: 사법발전재단, 2013.

김동환, "천안함 실종 병사 사망시 보상금, 민간인의 1/6?" 『오마이뉴스』 2020년 4월 12일.

Commission on Human Security. 2003. Human Security Now: Final Report. New York: CHS

John Rawls. 1999. A Theory of Justice Rev. ed, Oxford: Oxford University Press

Homans. George Caspar. 1974. Social behavior; its elementary forms Rev. ed. New York: Harcourt, Brace, Jovanovich.

UN. 2017. "Social Justice in an Open World: The Role of the United Nations", The International Forum for Social Development, Department of Economic and Social Affairs, Division for Social Policy and Development, ST/ESA/305, New York: United Nations.

국가보훈처 등록관리과 소관 보훈통계시스템(e-나라지표 보훈대상자현황)
(http://www.index.go.kr/potal/main/EachDtlPageDetail.do?idx_cd=1561)
표준국어대사전
(https://stdict.korean.go.kr/search/searchView.do?word_no=433531&search

KeywordTo=3)

Definition of social justice in English by Oxford Dictionaries
(https://www.lexico.com/definition/social_justice)

□ 보훈법의 범주와 새로운 도전 / 이재승

국민중심 보훈혁신위원회, 백서, 국가보훈처, 2019.9.

김주용, 「만주지역 간도특설대의 설립과 활동」, 『한일관계사연구』 제31집,
　　　2008.12.

이재승, 「묘지의 정치」, 『통일인문학』 68호, 2016.

---------, 「자해사망군인의 예우에 관한 외국법제 및 적용방안 연구」, 국방부
　　　(국방부용역보고서), 2020.

임용한, 「조선전기 군사상자에 대한 보상제도 연구-복호제를 중심으로-」,
　　　『군사』 80호(2011/9).

칼 라렌츠 저, 양창수 역, 『정당한 법의 원리』, 박영사, 1978.

하상복, 『죽은 자의 정치학』, 모티브북, 2014.

영모원에 대해서는 http://www.43archives.or.kr/mobile/viewHistoricSiteD.
　　　do?historicSiteSeq=18

Bundesministerium der Verteidigung, Das Ehrenmal der Bundeswehr.
　　　Den Toten unserer Bundeswehr - Für Frieden, Recht und
　　　Freiheit, Zarbock, 2014.

Ling Yan, The 1956 Japanese War Crimes Trials in China, Morten
　　　Bergsmo, CHEAH Wui Ling and Yi Ping(ed.), Historical Origins
　　　of International Criminal Law Vol. 2, Torkel Opsahl Academic
　　　EPublisher, 2014, 215-241쪽.

Urmson, Birgit, German and United States Second World Wat Military

Cemeteries in Italy, Peter Lang, 2018.

Walzer, Michael, Spheres of Justice: A Defense of Pluralism and Equality, Basic Books, 1983.

Wilke/Fehl/Förster/Leisner/Sailer, Soziales Entschädigunsrecht, Kommentar 7. Aufl., Boorberg, 1997.

□ 보훈을 어떻게 가르칠 것인가? / 김선

김선, 「마음의 교육학: 이제는 교육에서 '차이'를 인정할 때」, 『지식의 지평』, 25호., 2018.

남호엽, 「공간스케일의 관점에서 본 민족정체성 교육」, 『사회과교육』(34), 2001.

박찬석, 「도덕 교과서에서의 보훈교육의 재인식」, 『통일교육연구』12, 2015.

안성호, 「청소년 보훈·안보교육 활성화방안」, 『한국보훈논총』10, 2011.

오일환, 「국가보훈과 국가정체성」, 『민족사상』5(1), 2011.

이찬수, '독립과 호국, 게다가 민주까지' 〈서울신문〉, 2020.04.26.

임상순, 「6.25 전쟁 관련 국가 보훈 실태연구-지원제도와 청소년 학교교육을 중심으로」, 『통일교육연구』13, 2016.

정경환, 「제3장 국가보훈과 통일교육의 이념 간의 상관성」, 『통일전략』15(4), 2015.

형시영 외, 『보훈정책 중장기 발전방안 연구』(보훈교육연구원 용역연구 보고서), 2010.12.2.

황미경, 「호국보훈과 보훈복지의 연계를 위한 보훈복지거버넌스의 과제」, 『한국보훈논총』제15권 제2호, 2016.

Anderson, B. (2006). Imagined communities: Reflections on the origin and spread of nationalism. Verso books.

Beinart, P. (2008). The war over patriotism, (2008, June 26). Time Magazine, Retrieved from http://www.time.com/ time/magazine/ article/0,9171,1818195-1,00.html.

Ben-Porath, Sigal. "Civic virtue out of necessity: Patriotism and democratic education." Theory and Research in Education 5, no. 1 (2007): 41-59.

Boulding, E. (1988) Building a global civic culture (New York, Teachers College Press).

Freire, P. (1970). Pedagogy of the oppressed (MB Ramos, Trans.). New York: Continuum, 2007., pp.85-87.

Harari, Y.(2018). 21 Lessons for the 21st Century. Random House

Hicks, D. (2004). Teaching for tomorrow: how can futures studies contribute to peace education?. Journal of Peace Education, 1(2), 165-178. P.174

Hobsbawm, E. J. (2012). Nations and nationalism since 1780: Programme, myth, reality. Cambridge university press.

MacIntyre, A. (1995). Is Patriotism a Virtue?" i Beiner. Ronald: Theorizing Citizenship, State University of New York Press, Albany.

Nussbaum, M. C. (1998). Cultivating humanity. Harvard University Press.

Nussbaum, M. C. (2006). Education and democratic citizenship: Capabilities and quality education. Journal of human development, 7(3), 385-395. P.394

Palmer, P. J. (2011). Higher education and habits of the heart: Restoring democracy's infrastructure. Journal of College and Character, 12(3).

Platt, J. J., & Laszloffy, T. A. (2013). Critical patriotism: Incorporating nationality into MFT education and training. Journal of Marital and Family Therapy, 39(4), 441-456.

Primoratz, I. (2002). Patriotism. New York: Humanity Books.

Toffler, A. (1974). Learning for tomorrow. USA: Vintage.

Westheimer, J. (2006). Politics and patriotism in education. Phi Delta Kappan, 87(8), 608-620.

□ 2030세대의 통일의식과 보훈 / 김희정

김학재 외, 「2019 통일의식조사」, 서울: 서울대학교 통일평화연구원, 2020.

김희정, 김선, 「세대별 통일의식과 통일교육: 통일의식조사를 중심으로」. 『인문사회 21』. 9(6). 2018.

김희정, 김선, 「세대별 통일교육의 정서적 접근 방식: 정서조절 방식을 중심으로」, 『통일인문학』 76집, 2018.

박동준, 송선영, 박균열, 「현대 한국인의 국가공동체 의식」, 『윤리연구』 96, 2014.

박현주, 「지지정당 차이에 따른 보훈의식 영향요인 비교」, 『공공사회연구』 9(2), 2019.

서보혁, 「인간안보에 있어서 국가의 역할 연구」, 『동북아연구』 27(2), 2012.

윤광일, 「국가정체성과 대북태도: 애국심을 중심으로」, 『국방연구』 61(3), 2018.

이강수, 「우리나라 역대정부의 보훈정책 결정요인 연구- 1961년 이후 역대 정부의 보훈정책을 중심으로」, 한성대학교 박사학위논문, 2015.

정한울, 「'국뽕' 논란과 '헬조선' 담론을 넘어선 대한민국 자부심: 명과 암」, 『EAI 이슈브리핑』, 2020.

조정아, 「2030 세대의 통일의식과 통일교육의 새로운 패러다임 모색」, 통일
    교육원·한국통일교육학회 공동학술회의, 『2030 세대의 통일의식
    과 통일교육의 새로운 패러다임』 (2018년 5월 25일).

Levinson, Daniel J. "The Study of Ethnocentric Ideology." In The
    Authoritarian Personality, eds. T. W. Adorno, E. Frenkel-
    Brunswik, D. J. Levinson and N. R. Sanford (New York: Harper,1950).

시사상식사전. 2020.12.17. 인출
https://terms.naver.com/entry.nhn?docId=3334420&cid=43667&category
Id=43667
상담학 사전, 2020.12.04. 인출
https://terms.naver.com/entry.nhn?docId=5677628&cid=62841&category
Id=62841

보훈교육연구원 보훈문화총서03

보훈의 여러 가지 얼굴

등록 1994.7.1 제1-1071
1쇄 발행 2020년 12월 31일

기   획 보훈교육연구원
지은이 이찬수 전수미 이재승 김선 김희정
펴낸이 박길수
편집장 소경희
편   집 조영준
관   리 위현정
디자인 이주향
펴낸곳 도서출판 모시는사람들
　　　　03147 서울시 종로구 삼일대로 457(경운동 수운회관) 1207호
전   화 02-735-7173, 02-737-7173 / 팩스 02-730-7173

인   쇄 (주)성광인쇄(031-942-4814)
배   본 문화유통북스(031-937-6100)
홈페이지 http://www.mosinsaram.com/

값은 뒤표지에 있습니다.
ISBN 979-11-6629-018-3   04300
세트   979-11-6629-011-4   04300

이 도서의 국립중앙도서관 출판예정도서목록(CIP)은 서지정보유통지원시스
템 홈페이지(http://seoji.nl.go.kr)와 국가자료공동목록시스템(http://www.
nl.go.kr/kolisnet)에서 이용하실 수 있습니다.(CIP제어번호:CIP2020055267)

이 책의 내용은 필자의 개인적인 의견이고, 보훈교육연구원의 공식적인 입장과는
관련이 없습니다.

한국보훈복지의료공단 창립 40주년을 맞아 한국보훈복지의료공단의 지원을 받아
출판되었습니다